The 바른 라오스어 첫걸음

저자 ㅣ 마니팁 옹파잔

New
The 바른
라오스어 첫걸음

초판인쇄 2020년 12월 14일
초판 3쇄 2024년 12월 1일

지은이 마니팁 옹파잔
원어감수 파타나 인타봉
펴낸이 임승빈
펴낸곳 ECK북스
출판사 등록번호 제 2020-000303호
출판사 등록일자 2000. 2. 15
주소 서울시 마포구 창전로2길 27 [04098]
대표전화 02-733-9950 | **이메일** eck@eckedu.com

제작총괄 염경용
편집책임 정유항, 김하진 | **편집진행** 이승연 | **디자인** 다원기획 | **일러스트** 강지혜
마케팅 이서빈 | **영업** 이동민, 김미선 | **인쇄** 신우인쇄

ISBN 979-11-91132-00-7
정가 18,000원

ECK교육 | 세상의 모든 언어를 담다

기업출강 · 전화외국어 · 비대면교육 · 온라인강좌 · 교재출판 · 통번역센터 · 평가센터

ECK교육 www.eckedu.com
ECK온라인강좌 www.eckonline.kr
ECK북스 www.eckbook.com

유튜브 www.youtube.com/@eck7687
네이버 블로그 blog.naver.com/eckedu
페이스북 www.facebook.com/ECKedu.main
인스타그램 @eck__official

머리말

．．．．．．．．．．．．

천연자원의 보고로 여겨지는 라오스는 'Green Country'로의 이미지 구축에 노력을 기울여, 북부에 편중된 관광산업을 분산시키고 외국인 투자유치를 이용해 숙박시설 확충 및 천연 관광지 개발에 힘쓰고 있습니다. 이러한 노력으로 최근 5년간 한국인 관광객이 급증하고 있으며, 한국 투자 기업도 증가하고 있습니다. 라오스에서도 한류 열풍과 더불어 한국에 대한 관심이 나날이 높아지고 있습니다. 또한 라오스는 독립국으로 라오스어라는 국가 공용어를 가지고 있지만, 태국어와 동일 언어의 지역 변종 관계이므로 상당 부분 비슷합니다.

「The 바른 라오스어 첫걸음」은 이러한 시대적 흐름에 맞추어 보다 쉽고 빠르게 라오스어를 학습할 수 있도록 준비했습니다. 어렵게만 느껴지는 라오스어를 쉽게 읽을 수 있도록 한글 발음이 수록되어 있으며, 정확한 발음과 성조를 익힐 수 있도록 원어민이 녹음한 MP3 파일 및 쓰기 노트를 제공합니다. 본 교재에서 제공하는 내용을 차근히 익히면 어느새 라오스어에 자신감을 가질 수 있을 것입니다.

라오스어를 공부하는 학습자들에게 「The 바른 라오스어 첫걸음」이 많은 도움이 되길 진심으로 바랍니다.

끝으로 교재 집필의 기회를 주신 ECK교육 임승빈 대표님, 교재 집필에 힘이 되어 주신 이승연 실장님, 폰나파 타이마니와 인타봉 파타나에게 감사의 인사를 전합니다. 그리고 사랑하는 가족과 부모님께도 감사의 마음을 전합니다.

저자 **마니팁 옹파잔**

Manithip Vongphachanh

ມະນີທິບ ວົງພະຈັນ

이 책의 구성과 특징

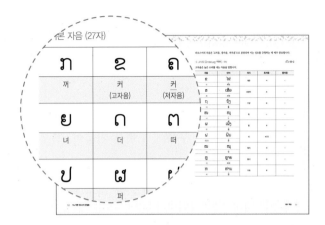

■ **예비 학습** : 라오스어의 문자와 부호

본 학습에 들어가기 전 반드시 먼저 숙지해야 할 라오스어의 문자와 발음, 성조와 부호를 알아 봅니다.

■ **회화**

다양한 주제별 대화문을 통해 기초 생활 표현 및 핵심 표현을 학습합니다. 녹음을 들으며 발음도 같이 익혀 보세요.

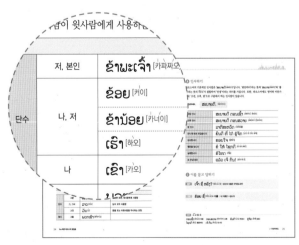

■ **문법**

초급 단계에서 알아야 할 기초 필수 문법을 대화의 주제와 관련하여 다양한 예문과 함께 알아봅니다.

■ 연습문제

말하기, 듣기, 쓰기 등의 연습문제 풀이를 통해 학습을 마무리합니다.

■ 어휘 익히기

기초 단계에서 알아야 할 다양한 어휘를 알아봅니다.

■ 라오스 탐방기

라오스의 음식, 여행지, 대중교통 등 라오스에 대한 다양한 내용을 알아봅니다.

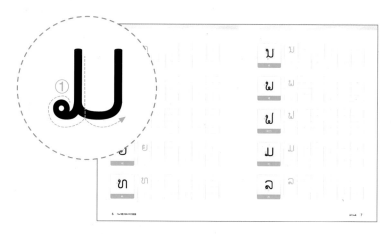

■ 책 속의 책 : 쓰기 노트

라오스어의 자음과 모음, 성조 부호, 숫자, 기타 부호를 올바른 쓰기 순서에 맞게 연습할 수 있도록 구성했습니다. 한 글자씩 올바른 순서로 쓰면서 연습해 보세요.

MP3 다운로드 방법

본 교재의 MP3 파일은 www.eckbooks.kr에서 무료로 다운로드 받을 수 있습니다.
QR 코드를 찍으면 다운로드 페이지로 이동합니다.

Contents

예|비|학|습

- 문자

- 발음

- 성조법

- 특수 부호

Ⓐ 문자 ອັກສอນລาว

■ 자음 [ພะยับຊะນะ ^{파냔싸나}]

라오스어는 기본 자음 27자와 특수 자음 3자로 총 30자의 자음으로 되어있습니다. 자음을 읽을 때, 한글은 'ㅏ'를 붙여서 읽지만, 라오스어는 'ㅓ-'를 붙여서 읽습니다. 그러므로 각 자음의 음가에 'ㅓ-'를 붙인 후 해당 자음이 들어간 단어를 뒤에 붙여서 발음합니다. 예를 들면, 'ກ[께]'는 'ㄲ' 발음이 나는 자음으로 음가 'ㄲ'에 'ㅓ-'를 붙여 '꺼-'를 만들고, 이 자음이 들어간 모음인 'ໄ◌[아이]'를 붙여서 'ໄກ[꺼-까이]'라고 읽습니다. 라오스어의 자음은 왼쪽에 오른쪽으로 쓰며, 동그라미가 있는 자음은 동그라미부터 시작하여 쓰는 것을 원칙으로 합니다.

⑴ 기본 자음 (27자)

ກ	ຂ	ຄ	ງ	ຈ	ສ	ຊ
꺼	커 (고자음)	커 (저자음)	응어	쩌	써 (고자음)	써 (저자음)
ຍ	ດ	ຕ	ຖ	ທ	ນ	ບ
녀	더	떠	터 (고자음)	터 (저자음)	너	버
ປ	ຜ	ຝ	ພ	ຟ	ມ	ຢ
뻐	퍼 (고자음)	퍼(f) (고자음)	퍼 (저자음)	퍼(f) (저자음)	머	여
ລ	ວ	ຫ	ອ	ຮ	ຣ	
러 (저자음)	워	허 (고자음)	어	허 (저자음)	러 (r) (저자음)	

⑵ 특수 자음 (3자)

ໜ(ຫນ)	ໝ(ຫມ)	ຫຼ(ຫລ)
너	머	러

ໜ, ໝ, ຫຼ는 각각의 괄호 안에 있는 문자들과 같은 문자입니다.

라오스어의 자음은 '고자음, 중자음, 저자음'으로 분류되며 이는 성조를 규정하는 데 매우 중요합니다.

① 고자음 [ອັກສອນສູງ ^{악썬쑹}] : 9자 🎧 00-2

고자음은 높은 소리를 내는 자음을 말합니다.

자음	단어	의미	초자음	종자음
ຂ 커	ໄຂ່ 카이	계란	ㅋ	–
ສ 써	ເສືອ 쓰아	호랑이	ㅆ	–
ຖ 터	ຖົງ 통	가방	ㅌ	–
ໜ 너	ໜູ 누	쥐	ㄴ	–
ຜ 퍼	ເຜິ້ງ 펑	벌	ㅍ	–
ຝ 퍼(f)	ຝົນ 폰	비	ㅍ(f)	–
ໝ 머	ໝູ 무	돼지	ㅁ	–
ຫຼ 러	ຫຼາຍ 라이	많다	ㄹ	–
ຫ 허	ຫ່ານ 한	거위	ㅎ	–

② 중자음 [ອັກສອນກາງ 악썬깡] : 8자

중자음은 중간 소리를 내는 자음을 말합니다.   🎧 00-3

자음	단어	의미	초자음	종자음
ກ 꺼	ໄກ່ 까이	닭	ㄲ	ㄱ
ຈ 쩌	ຈອກ 쩍	컵	ㅉ	—
ດ 더	ເດັກ 덱	아기	ㄷ	ㄷ
ຕ 떠	ຕາ 따	눈	ㄸ	—
ບ 버	ແບ້ 베	염소	ㅂ	ㅂ
ປ 뻐	ປາ 빠	생선	ㅃ	—
ຍ 여	ຍາ 야	약	여	—
ອ 어	ໂອ 오	바가지	ㅇ	—

③ 저자음 [ອັກສອນຕ່ຳ 악썬땀] : 13자

저자음은 낮은 소리를 내는 자음을 말합니다.   🎧 00-4

자음	단어	의미	초자음	종자음
ຄ 커	ຄຸ 쿠	양동이	ㅋ	–
ງ 응어	ງູ 응우	뱀	응	ㅇ
ຊ 써	ຊ້າງ 쌍	코끼리	ㅆ	–
ຍ 녀	ຍຸງ 늉	모기	녀	이
ທ 터	ທຸງ 퉁	태극기	ㅌ	–
ນ 너	ນົກ 녹	새	ㄴ	ㄴ
ພ 퍼	ພູ 푸	산	ㅍ	–
ຟ 퍼(f)	ໄຟ 파이	불	ㅍ(f)	–
ມ 머	ມ້າ 마	말	ㅁ	ㅁ
ລ 러	ລົດ 롣	자동차	ㄹ	–
ວ 워	ວີ 위	부채	우 / 오	오
ຮ 허	ເຮືອນ 흐안	집	ㅎ	–
ຣ 러(r)	ຣາດາ 라다	레이더	ㄹ(r)	–

■ 모음 [ສະຫງະ 싸라]

라오스어 모음은 총 52개입니다. 모음은 장모음과 단모음으로 나누어지고 장모음과 단모음에 따라서 성조가 달라집니다. 모음은 자음의 왼쪽, 오른쪽, 위, 아래쪽에 위치합니다. 모음이 자음을 기준으로 왼쪽과 오른쪽에 위치할 경우「왼쪽 모음 → 자음 → 오른쪽 모음」순으로 씁니다.

(1) 단음절 모음 : 음가가 하나인 모음 (총 24자)　　　　　　　　　　🎧 00-5

단모음	발음	장모음	발음
Xະ	아	Xາ	아
Xิ	이	Xີ	이
Xຶ	으	Xື	으
Xຸ	우	Xູ	우
ເXະ	에	ເX	에
ແXະ	애	ແX	애
ໂXະ	오	ໂX	오
ເXາະ	어	Xໍ	어
ເXີ	어	ເXີ	어
ເXຍ	이야	ເXຍ	이야
ເXືອ	으아	ເXືອ	으아
Xົວະ	우와	Xົວ	우와

(2) 혼합 모음 : 단음절 모음 2개가 자음과 함께 소리 나는 모음 (총 24자)　🎧 00-6

단모음	발음	장모음	발음
X̆X	아	XꞮX	아
X̂X	이	X̂X	이
X̂X	으	X̂X	으
X̖X	우	X̖X	우
ꞨX̃X	에	ꞨXX	에
ꞨꞨX̃X	애	ꞨꞨXX	애
X̂X	오	ꞨXX	오
X̆꞉X	어	X꞉X	어
ꞨX̂X	어	ꞨX̂X	어
X̆꞉X	이야	X꞉X	이야
ꞨX̂꞉X	으아	ꞨX̂꞉X	으아
X̂ꞝX	우와	XꞝX	우와

(3) 특수 모음 : 종자음이 들어가지 않는 특수 모음 (총 4자)　🎧 00-7

단모음	발음	장모음	발음
X̖	아이	ꞮX	아이
ꞨXꞮ	아오	X̊Ɪ	암

B 발음 ການອອກສຽງ

라오스어의 종자음은 자음과 모음의 뒤에 나타나는 자음을 말합니다.

(1) 종자음은 8가지 음가 'ກ(ㄱ), ດ(ㄷ), ບ(ㅂ), ງ(ㅇ), ຍ(이), ນ(ㄴ), ມ(ㅁ), ວ(오)'가 있습니다.

(2) 종자음은 '생음'과 '사음'으로 나누어집니다. 생음은 'ງ(ㅇ), ຍ(이), ນ(ㄴ), ມ(ㅁ), ວ(오)' 음가가 있는 자음 또는 장모음을 말합니다. 즉 자음과 모음이 같이 나타날 때 발음을 길게 하는 것입니다. 사음은 폐음으로 'ກ(ㄱ), ດ(ㄷ), ບ(ㅂ)' 음가가 나는 자음 또는 단모음을 말합니다. 즉 자음과 모음이 같이 나타날 때 발음이 짧게 나타납니다.

■ 발음의 예외

(1) 선도자음

① ຫ + ງ, ຍ, ວ → ຫ은 묵음, 성조는 ຫ(고자음), 발음은 뒤의 저자음

ຫ이 저자음에만 있는 음가를 동반하는 경우입니다. 이때 ຫ은 묵음이고, 발음은 ຫ 뒤의 저자음을 따르며 고자음 성조법을 따릅니다.

ໃຫຍ່ [냐이]	크다	ຫວັງ [왕]	희망하다
ຫຍຸ້ງ [늉]	바쁘다	ຫວັດ [왇]	감기
ແຫງນ [응앤]	우러러보다	ຫຍ້າ [냐]	잔디

② ກ, ຂ, ຄ, ຕ, ທ, ງ + ວ → ວ은 묵음, 발음은 ວ 뒤의 성조법을 따릅니다.

ກ, ຂ, ຄ, ຕ, ທ, ງ 뒤에 ວ가 붙어 있으면 발음 할 때 ກ, ຂ, ຄ, ຕ, ທ, ງ의 성조법을 따릅니다.

ກວ້າງ [꾸아앙]	넓다	ຕວາຍ [투아이]	드리다, 주다
ຂວາງ [쿠아앙]	가로막다	ທວາຍ [투아이]	추측하다
ຄວັດ [쿠앋]	(돌 등에) 새기다	ງວາກ [응우아악]	돌아서다

ກ + ວ = ກວ → 중자음   ຂ + ວ = ຂວ → 고자음

ຄ + ວ = ຄວ → 저자음   ຕ + ວ = ຕວ → 고자음

ທ + ວ = ທວ → 저자음   ງ + ວ = ງວ → 저자음

C 성조법 ວັນນະຍຸກລາວ

평성	1성	2성	3성	4성	5성	6성
─	＼	∧	／	ㄱ	∨	｜

라오스어는 7개의 성조(평성, 1성, 2성, 3성, 4성, 5성, 6성)가 있습니다. 4성과 5성은 거의 쓰이지 않으므로 실제로 쓰이는 성조는 5개(평성, 1성, 2성, 3성, 6성)입니다. 라오스어는 성조 표시에 따라 뜻이 달라집니다.

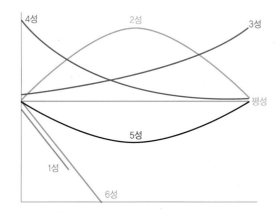

- 평성 (─) : 보통 높이에서 일정한 억양으로 유지되는 발음
- 1성 (＼) : 보통 높이 억양보다 조금 낮은 음으로 시작해서 더 낮고 짧게 발음
- 2성 (∧) : 보통 높이 억양에서 올라가면서 다시 낮아지는 발음
- 3성 (／) : 조금 높은 억양에서 더 높게 올라가는 발음
- 4성 (ㄱ) : 높은 억양에서 보통 높이 억양까지 내려가는 발음
- 5성 (∨) : 보통 높이 억양에서 낮아지면서 다시 올라가는 발음
- 6성 (｜) : 보통 높이 발음에서 1성보다 더 낮아지는 발음

■ 무형 성조

무형 성조는 성조 부호 없이 자음의 종류(고자음, 중자음, 저자음)와 모음의 종류(장모음, 단모음) 그리고 종자음의 종류(생음, 사음)에 따라 구분 되는 성조법입니다.

자음	모음	종자음	발음	
고자음 / 중자음 / 저자음	장모음		평성	
[고] ຂ	Xา	-	ຂາ [카]	다리
[중] ຕ	Xา	-	ຕາ [따]	(얼굴) 눈
[저] ລ	XາX	ວ	ລາວ [라오]	그, 그녀
고자음 / 중자음 / 저자음	단모음		1성	
[고] ສ	Xະ	-	ສະ [싸]	연못
[중] ຕ	ໂXະ	-	ໂຕະ [싸]	테이블
[저] ຄ	XͤX	ນ	ຄັນ [칸]	대 (자동차, 우산 셀 때)
고자음 / 중자음	단모음 / 장모음	사음 (ກ, ດ, ບ)	4성	
[고] ໜ	XͤX	ກ	ໜັກ [낙]	무겁다
[중] ກ	ເXͤX	ບ	ເກີບ [껍]	신발
[중] ປ	ແXX	ດ	ແປດ [빼]	팔
저자음	단모음 / 장모음	사음 (ກ, ດ, ບ)	5성	
[저] ມ	XͮX	ກ	ມັກ [막]	좋아하다
[저] ຮ	XອX	ດ	ຮອດ [헏]	도착하다
[저] ພ	XາX	ບ	ພາບ [팝]	사진

주의

1. 단모음이 나왔을 때는 성조 부호를 붙이지 않습니다.
2. 종자음에 사음(ກ, ດ, ບ)이 나왔을 때는 성조 부호를 붙이지 않습니다.

■ 유형 성조

유형 성조는 성조 부호에 따라 성조가 구분되는 성조법입니다.

(1) 성조 부호

성조 부호는 보통 자음 위에 위치하지만, 모음이 자음 위에 있는 경우에는 그 모음의 위에 위치합니다.

2성	3성	4성	5성
x̀	x̌	x̃	ẍ
ໄມ້ເອກ	ໄມ້ໂທ	ໄມ້ຕີ	ໄມ້ຈັດຕະວາ
[마이엑]	[마이토]	[마이티]	[마이짠따와]

(2) 성조 규칙

	2성	3성	4성	5성
고자음	2성 발음	6성 발음	–	–
중자음	2성 발음	3성 발음	4성 발음	5성 발음
저자음	2성 발음	3성 발음	–	–

① 평성과 1성은 성조 표시가 따로 없으므로, 유형 성조 규칙에 해당되지 않습니다.

② 고자음은 2성과 3성 부호만 사용할 수 있으며, 고자음이 2성일 때 2성 발음을, 3성일 때 6성 발음이 납니다.

③ 중자음은 모든 부호를 쓸 수 있습니다.

④ 저자음은 2성과 3성 부호만 사용할 수 있으며, 저자음이 2성일 때 2성 발음을, 3성일 때 3성 발음이 납니다.

고자음	ເຂົ້າ [카오] 들어가다	ຂ້ອຍ [커이] 나	ຖິ້ມ [팀] 버리다	ໃສ່ [싸이] 넣다
중자음	ປ່າ [빠] 숲	ເຈົ້າ [짜오] 당신	ຕ້າຍ [따이] 저런!	ກ້ວຍຕຽວ [꾸와이띠야우] 쌀국수
저자음	ນ້ອງ [넝] 동생	ງ່າຍ [응아이] 쉽다	ຟ້າ [파] 하늘	ນ້ຳ [남] 물

⒟ 특수 부호 ເຄື່ອງໝາຍພິເສດ

■ ໆ [ເຄື່ອງໝາຍຊ້ຳ 크앙마이쌈]

앞의 단어를 반복할 때 사용하는 부호로, 앞 단어의 의미를 강조하는 역할을 합니다.

(1) 명사 또는 대명사 뒤에 위치하며, 앞의 단어를 복수로 만들어 줍니다.

ໃຜໆ [파이파이] 누구누구

(2) 동사 뒤에 위치하며, 행동의 지속을 나타냅니다.

ກິນໆ [낀낀] 먹고 먹다

(3) 부사 뒤에 위치하며, 단어의 상태를 강조하거나 약하게 만들어 줍니다.

ຄ່ອຍໆ [커이커이] 조용하고 조용하다

ສະບາຍດີ.

싸바이디

안녕하세요.

주요 문법

- 인칭대명사 · 인사하기 · 이름 묻고 답하기

ຄິມຈິນອູ
김진우

ສະບາຍດີ.
싸바이디

ຂ້ອຍ ຊື່ ຄິມ ຈິນ ອູ.
커이   쓰   김 진 우

ເຈົ້າ ຊື່ ຫຍັງ?
짜오   쓰   냥

ຫຼ້າ
라

ຂ້ອຍ ຊື່ ຫຼ້າ.
커이   쓰   라

ຍິນດີ ທີ່ ໄດ້ ຮູ້ຈັກ.
닌디   티 다이 후짝

ຄິມຈິນອູ
김진우

ຂ້ອຍ ກໍ ຍິນດີ ເຊັ່ນກັນ.
커이   꺼 닌디   쎈깐

김진우	안녕하세요.
	제 이름은 김진우입니다.
	당신의 이름은 무엇입니까?
라	제 이름은 라입니다.
	만나게 돼서 반갑습니다.
김진우	저도 만나게 돼서 기쁩니다.

🎧 01-2

ສະບາຍດີ [싸바이디] 안녕하세요 (인사말)	**ຍິນດີ** [닌디] 기뻐하다
ຂ້ອຍ [커이] 저 (1인칭)	**ທີ່ ໄດ້** [티 다이] ~하게 되다
ຊື່ [쓰] 이름	**ຮູ້ຈັກ** [후짝] 알다
ເຈົ້າ [짜오] 당신, 네	**ກໍ** [꺼] ~도
ຫຍັງ [냥] 뭐, 무엇	**ເໝືນກັນ** [쓰언깐] 마찬가지다

Ⓐ 인칭대명사

라오스어의 인칭대명사는 '1인칭, 2인칭, 3인칭'으로 구분되며, 같은 단어라도 상황과 상대에 따라서 아랫사람이 윗사람에게 사용하는 공손한 표현이 되기도 합니다.

1인칭			
단수	저, 본인	ຂ້າພະເຈົ້າ [카파짜오]	공식적인 표현 (공용문, 연설 등에 사용)
	나, 저	ຂ້ອຍ [커이]	남녀 모두 사용, 가장 일반적으로 쓰임 (* 아랫사람이 윗사람에게 사용하지는 않음)
		ຂ້ານ້ອຍ [카너이]	아랫사람이 윗사람에게 사용, 공손한 표현
		ເຮົາ [하오]	공손한 표현, 아랫사람이 윗사람에게 사용함
	나	ເຂົາ [카오]	친구 또는 동년배에게 사용함 (* 구어체에서 많이 사용)
복수	우리들	ພວກເຂົາ [푸왁카오] ພວກຂ້ອຍ [푸왁커이]	친구 또는 동년배에게 사용함
		ພວກເຮົາ [푸왁하오]	친구 또는 윗사람에게 사용함

2인칭			
단수	당신	ທ່ານ [탄]	공식적인 표현, 공무원 또는 초대장에 많이 쓰임
		ເຈົ້າ [짜오]	공식적인 표현, 일반적으로 많이 쓰임
	너	ເຈີ້ນ [펀]	친구에게 사용, 대화 시에만 사용함 (* 문서 등에는 사용하지 않음)
복수	당신들	ພວກເຈົ້າ [푸왁짜오]	

3인칭			
단수	그분	ເຈີ້ນ [펀]	공손한 표현, 윗사람에게 사용함
	그, 그녀	ລາວ [라오]	남녀 모두 사용함
	그것	ມັນ [만]	동물 또는 아랫사람을 무시하는 표현
복수	그들	ພວກເຂົາ [푸왁카오]	

B 인사하기

라오스어의 기본적인 인사말은 'ສະບາຍດີ[싸바이디]'입니다. '편안하다'라는 뜻의 'ສະບາຍ[싸바이]'와 '좋다'라는 뜻의 'ດີ[디]'가 결합하여 '안녕'이라는 의미를 가집니다. 또한, 라오스어에도 영어와 마찬가지로 '오전, 오후, 밤'으로 구분해서 하는 인사말이 있습니다.

안녕하세요.	ສະບາຍດີ. [싸바이디]

아침 인사	ສະບາຍດີ ຕອນເຊົ້າ [싸바이디 떤싸오]
오후 인사	ສະບາຍດີ ຕອນສວາຍ [싸바이디 떤쑤아이]
밤 인사	ລາຕີສະຫວັດ [라띠싸왇]
만나게 돼서 반갑습니다	ຍິນດີ ທີ່ ໄດ້ ຮູ້ຈັກ [닌디 티 다이 후짝]
감사합니다	ຂອບໃຈ [컵짜이]
행운을 빕니다	ຂໍ ໃຫ້ ໂຊກດີ [커 하이 쏙디]
실례합니다	ຂໍໂທດ [커톧]
또 만납시다!	ແລ້ວ ເຈີ ກັນ! [래우 쩌 깐]

C 이름 묻고 답하기

질문 ເຈົ້າ ຊື່ ຫຍັງ? [짜오 쓰 냥] : 당신의 이름은 무엇입니까?

대답 ຂ້ອຍ ຊື່ [커이 쓰] + **이름** : 내 이름은 ~입니다

·단어· 🎧 01-3 --

ຕອນເຊົ້າ [떤싸오] 아침   ຕອນສວາຍ [떤쑤아이] 오후   ຍິນດີ [닌디] 반갑다   ຮູ້ຈັກ [후짝] 알다
ໂຊກດີ [쏙디] 행운이다   ເຈີ ກັນ [쩌 깐] 만나다

1. 문장을 읽고 맞는 해석을 찾아 연결해 보세요.

(1) ສະບາຍດີ. •

(2) ຍິນດີ ທີ່ ໄດ້ ຮູ້ຈັກ. •

(3) ຂໍໂທດ. •

(4) ຂອບໃຈ. •

• ⓐ 만나게 돼서 반갑습니다.

• ⓑ 감사합니다.

• ⓒ 안녕하세요.

• ⓓ 실례합니다.

2. 빈칸에 알맞은 문장을 〈보기〉에서 찾아 보세요.

| 보기 | ຂ້ອຍຊື່   ຫຍັງ   ຍິນດີ   ດີ

(1) 당신의 이름은 무엇입니까?

▶ ເຈົ້າຊື່＿＿＿＿＿＿？

(2) 제 이름은 김진우입니다.

▶ ＿＿＿＿＿＿ກິມຈິນອູ.

(3) 안녕하세요.

▶ ສະບາຍ＿＿＿＿＿＿.

3. 내용을 읽고 맞으면 (O), 틀리면 (X) 표시를 하세요.

(1) 라오스어의 기본적인 인사말은 'ຂ້ອຍ ກໍ ຍິນດີ ເຊັ່ນກັນ'입니다.　　(　)

(2) 라오스어의 오후 인사말은 'ສະບາຍດີ ຕອນສວາຍ'입니다.　　(　)

(3) 라오스어는 '아침/오후/밤 인사'가 따로 없습니다.　　(　)

(4) ຂ້ອຍ는 1인칭 대명사입니다.　　(　)

4. 녹음을 듣고 알맞은 답을 찾아 보세요.　　🎧 01-4

(1) _____

　① ບໍ່ແມ່ນ.　　② ສະບາຍດີ. ຂ້ອຍຊື່ໜ້າ.

　③ ຂອບໃຈ.　　④ ເຈົ້າງາມ.

(2) _____

　① ບໍ່ແມ່ນ.　　② ເຈົ້າ, ບໍ່ເປັນຫຍັງ.

　③ ຂ້ອຍຊື່ໜ້າ.　　④ ຂ້ອຍ ກໍ ຍິນດີ ເຊັ່ນກັນ.

단어　🎧 01-5

ຂໍໂທດ [커톧] 실례하다　　ຂອບໃຈ [컵짜이] 감사합니다　　ງາມ [응-암] 예쁘다　　ຂ້ອຍ [커이] 나　　ເຈົ້າ [짜오] 네, 당신, 너

ບໍ່ເປັນຫຍັງ [버뻰냥] 괜찮다

● 가족 명칭

ພໍ່ເຖົ້າ [퍼뚜]
할아버지

ແມ່ເຖົ້າ [매뚜]
할머니

ພໍ່ [퍼]
아버지

ແມ່ [매]
어머니

ອ້າຍ [아이]
오빠, 형

ເອື້ອຍ [으아이]
언니, 누나

ຂ້ອຍ [커이]
나

ນ້ອງຊາຍ [넝싸이]
남동생

ນ້ອງສາວ [넝싸오]
여동생

남편	ຜົວ [푸와]	고모, 숙모	ປ້າ [빠], ນ້າ [나]/ອາ [아]
부인	ເມຍ [미야]	조카, 손녀	ຫຼານຊາຍ [란싸이]
부부	ຜົວເມຍ [푸와미야]		ຫຼານສາວ [란싸오]
형제자매	ອ້າຍນ້ອງ [아이넝]	자녀	ເດັກນ້ອຍ [덱너이]
큰아들	ລູກຊາຍກົກ [룩싸이꼭]	큰아버지	ລຸງ [룽]
막내딸	ລູກສາວຫຼ້າ [룩싸오라]	삼촌, 작은아버지	ນ້າວ [바오], ອາ [아우]

• 라오스의 인사법 •

라오스에는 전통적인 인사법으로 양손을 합장하고 공손히 고개를 숙여 인사하는 '놉(ນົບ)'이라는 인사법이 있습니다. 라오스인들은 '놉'을 통해 서로 간의 '존경, 감사, 미안함'을 표현합니다. 놉 인사를 할 때는 서로에게 "싸바이디(ສະບາຍດີ)"라고 말하며, 상대방이 연장자이거나 신분이 높을수록 합장한 손의 위치를 올려서 예의와 존경을 표현합니다. 그러므로 합장한 손의 위치를 보면 누가 연장자인지 알 수 있습니다.

윗사람은 아랫사람 또는 같은 지위의 사람에게 턱 높이까지 손을 올려 합장하며, 아랫사람은 윗사람에게 코 높이까지 손을 올려서 인사합니다. 국민의 90%가 불교를 믿는 불교 국가인 만큼 특히 스님에게는 눈썹까지 합장한 손을 올려서 존경을 표현합니다. 상대가 놉 인사를 할 경우에는 반드시 놉 인사로 답례하는 것이 예절입니다.

라오스의 인사

● 라오스에서 인사할 때 손의 위치

이마/눈썹 높이 : 스님
코 높이 : 아랫사람이 윗사람에게
턱 높이 : 윗사람이 아랫사람에게

ຂ້ອຍເປັນຄົນເກົາຫຼີ.

커이뻰콘까올리

저는 한국인입니다.

주요 문법

- -

• 평서문 • 부정문

ຄິມຈິນອູ
김진우

ຂ້ອຍ **ເປັນ** ຄົນ ເກົາຫຼີ.
커이 · 뻰 · 콘 · 까올리

ເຈົ້າ ມາ ຈາກ ປະເທດ ໃດ?
짜오 · 마 · 짝 · 빠텓 · 다이

ຫຼ້າ
라

ຂ້ອຍ ມາ ຈາກ ປະເທດລາວ.
커이 · 마 · 짝 · 빠텓라오

ເຈົ້າ ເປັນ ນັກຮຽນ ບໍ?
짜오 · 뻰 · 낙히얀 · 버

ຄິມຈິນອູ
김진우

ຂ້ອຍ **ບໍ່ແມ່ນ** ນັກຮຽນ.
커이 · 버맨 · 낙히얀

ຂ້ອຍ ເປັນ ນັກທຸລະກິດ.
커이 · 뻰 · 낙투라낃

ຫຼ້າ
라

ດັກແທ້!
칵태

김진우   저는 한국인입니다.
        당신은 어느 나라에서 왔습니까?
라   저는 라오스에서 왔습니다.
        당신은 학생입니까?
김진우   저는 학생이 아닙니다.
        저는 사업가입니다.
라   멋지네요!

🎧 02-2

ເປັນ [뻰] ~은/는	ໃດ [다이] 어느
ຄົນ [콘] 사람	ປະເທດລາວ [빠텟라오] 라오스
ເກົາຫຼີ [까올리] 한국	ນັກธຽນ [낙히안] 학생
ມາ [마] 오다	ບໍ [버] 의문사 (문장 끝에 위치해서 의문문으로 만들어 줌)
ຈາກ [짝] ~에서, ~부터	ບໍ່ແມ່ນ [버맨] 아니다
ປະເທດ [빠텟] 나라	ນັກທຸລະກິດ [낙투라낃] 사업가

Ⓐ 평서문

라오스어의 기본 구조는 영어의 구조와 같이 「주어＋동사＋목적어」의 어순으로 격조사가 없으며, '인칭'과 '수'에 따른 동사 변화와 '형용사'의 형태 변화도 없습니다. 그러나 단어의 위치가 바뀌면 품사가 바뀌기 때문에 어순이 매우 중요합니다.

⑴ 주어 ＋ ເປັນ[뻰] ＋ 보어(명사)

ເປັນ은 '~은 ~이다'의 의미로 '보어'의 자리에는 주로 '명사'가 옵니다.

ເຈົ້າ ເປັນ ຄົນຈີນ.　　　[짜오 뻰 콘찐]　　　당신은 중국 사람이다.
주어　　　　보어(명사)

ລາວ ເປັນ ນັກກິລາ.　　　[라오 뻰 낙끼라]　　　그는 운동선수이다.
주어　　　보어(명사)

⑵ 주어 ＋ 동사 ＋ 목적어 ＋ 수식어

라오스어의 목적어는 '동사 뒤'에 위치하며 목적어가 나오는 경우, 동사의 수식어는 '목적어 뒤'에 위치합니다.

ເຈົ້າ ກິນ ເຂົ້າ ໜ້ອຍ.　　　[쩐 낀 카오 너이]　　　너는 밥을 적게 먹는다.
주어　동사　목적어　수식어

ຂ້ອຍ ດື່ມ ນ້ຳ ຫລາຍ.　　　[커이 듬 남 라이]　　　나는 물을 많이 마신다.
주어　동사　목적어　수식어

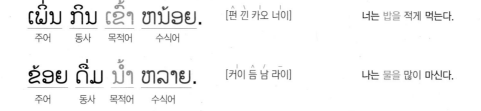

단어 🎧 02-3 ----------

ຄົນຈີນ[콘찐] 중국 사람　ນັກກິລາ [낙끼라] 운동선수　ກິນ[낀] 먹다　ເຂົ້າ[카오] 밥
ດື່ມ ນ້ຳ[듬 남] 물을 마시다　ຕຳຫລວດ [땀루왇] 경찰　ບໍ່ດີ[버 디] 나쁘다

ⓑ 부정문

'ບໍ່ [베]'와 'ບໍ່ແມ່ນ [버맨]'은 '~이 아니다, ~하지 않다, 안 ~하다'라는 뜻을 가진 부정사로, '명사, 동사, 형용사' 앞에 위치할 수 있으며, 그 상태를 부정해 주는 역할을 합니다.

(1) 주어 + ບໍ່ແມ່ນ [버맨] + 보어(명사)

'ບໍ່ແມ່ນ [버맨]'은 'ເປັນ(~이다)'를 부정할 때 '보어 앞'에 위치함으로써, '(보어)가 아니다'라는 의미의 부정사 역할을 합니다. 이때, 보어는 보통 '명사'가 위치합니다.

ນ້ອງຊາຍ ບໍ່ແມ່ນ ນັກທຸລະກິດ.
주어   보어(명사)

[넝싸이 버맨 낙투라낃]   남동생은 사업가가 아니다.

ພໍ່ ບໍ່ແມ່ນ ຕຳຫລວດ.
주어   보어(명사)

[퍼 버맨 땀루왇]   아버지는 경찰이 아니다.

(2) 주어 + ບໍ່ [베] + 동사/형용사 + (목적어) + (수식어)

'ບໍ່ [베]'는 '동사'와 '형용사' 앞에 위치하며, '(동사/형용사)가 아니다'라는 의미의 부정사 역할을 합니다.

ລາວ ບໍ່ ກິນ ເຂົ້າ.
주어   동사   목적어

[라오 버 낀 카오]   그는 밥을 먹지 않는다.

ລາວ ບໍ່ ກິນ ເຂົ້າ ຫຼາຍ.
주어   동사   목적어   수식어

[라오 버 낀 카오 라이]   그는 밥을 많이 먹지 않는다.

ພາສາລາວ ບໍ່ ງ່າຍ.
주어   형용사

[파 싸 라오 버 응-아이]   라오스어는 쉽지 않다.

ເຈົ້າ ບໍ່ ດີ ຫຼາຍ.
주어   형용사 수식어

[짜오 버 디 라이]   당신은 너무 나쁘다.

(직역: 당신은 매우 좋지 않다.)

1. 그림을 보고 맞는 나라를 찾아 연결해 보세요.

(1)

  •

  • ⓐ ລາວ ເປັນ ຄົນຝຣັ່ງ.

(2)

  •

  • ⓑ ລາວ ເປັນ ຄົນຣັດເຊຍ.

(3)

  •

  • ⓒ ລາວ ເປັນ ຄົນຈີນ.

2. 빈칸에 알맞은 문장을 〈보기〉에서 찾아 보세요.

| 보기 | ບໍ່ແມ່ນ   ບໍ່   ເປັນ

(1) ຂ້ອຍ _____ ຄົນເກົາຫຼີ.   저는 한국인입니다.

(2) ຂ້ອຍ _____ ນັກຮຽນ.   저는 학생이 아닙니다.

(3) ພາສາລາວ _____ ງ່າຍ.   라오스어는 쉽지 않습니다.

$3.$ 내용을 읽고 맞으면 (O), 틀리면 (X) 표시를 하세요.

(1) 라오스어의 어순은 「주어+동사+목적어」 구조로 되어있다. ( )

(2) 라오스어는 '격조사'가 없는 언어이다. ( )

(3) 라오스어의 부정문 만들 때 동사 앞에 ບໍ່를 위치시킨다. ( )

(4) ບໍ່ແມ່ນ은 허락을 나타내는 표현이다. ( )

$4.$ 녹음을 듣고 그림과 일치하면 (O), 일치하지 않으면 (X) 표시를 하세요. 🎧 02-4

(1)

( )

(2)

( )

(3)

( )

(4)

( )

•단어• 🎧 02-5 --
ຄົນຝຣັ່ງ [콘프랑] 프랑스인   ຄົນຣັດເຊຍ [콘랏씨이야] 러시아인   ຄົນຈີນ [콘찐] 중국인   ນັກธຽນ [낙히안] 학생
ທ່ານໝໍ [탄머] 의사   ແມ່ບ້ານ [매반] 주부   ຄົນ ອິຕາລີ [콘 이따리] 이탈리아인

● 직업

ນັກຮຽນ [낙히얀]

학생

ນັກສຶກສາ [낙쓱싸]

대학생

ພະນັກງານ ບໍລິສັດ

[파낙응-안 버리쌋]

회사원

ອາຈານ [아짠]

교사

ທ່ານໝໍ [탄머]

의사

ພະຍາບານ [파냐반]

간호사

ນັກແຕ້ມຮູບ

[낙땜훕]

화가

ນັກອອກແບບ

[낙억뱁]

디자이너

ນັກກິລາ [낙끼라]

운동 선수

ນັກດັບເພີງ

[낙답펑]

소방관

ຕຳຫຼວດ [땀루왓]

경찰

ແມ່ບ້ານ [매반]

주부

ນັກຮ້ອງ [낙헝]

가수

ນັກສະແດງ [낙싸댕]

배우

ຊ່າງອິດສະຫຼະ

[쌍잇싸라]

프리랜서

ນັກແປພາສາ

[낙빼파싸]

통역사

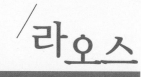

라오스의 정식 명칭은 '라오 인민민주주의공화국'으로, 동남아시아에 위치하며 아세안에 속한 국가 중 하나입니다. 라오스의 북쪽은 중국, 동쪽은 베트남, 남쪽은 캄보디아, 서쪽은 태국과 미얀마가 인접해 있습니다.

라오스 지도

총 면적 : 237,955㎢
수도 : 비엔티안ນະຄອນຫຼວງວຽງຈັນ
인구 : 약 710만 명
화폐 단위 : 킵(₭ : Kip)

라오스의 초대 왕은 타이족 일파의 라오족이었던 '팡움(ຟ້າງູ່ມ)' 왕으로 '백만 코끼리'라는 뜻을 가진 '란쌍(ລ້ານຊ້າງ) 왕국'을 건국했습니다.

하지만 왕위 계승 문제로 발생한 내분을 시작으로 쇠퇴하기 시작한 라오스는 전쟁 패배로 인해 프랑스의 지배를 받았습니다. 1975년 라오스의 독립을 열망하던 공산주의 세력 '빠텐라오(ປະເທດລາວ)'는 비엔티안 정부와의 긴 내전에서 무혈 혁명으로 성공하여 같은 해 '라오 인민민주주의공화국'을 수립하였습니다. 현재 라오스에는 '라오쑹(ລາວສູງ 높은 산에 거주 : 10%)', '라오텅(ລາວເທິງ 산 중턱에 거주 : 30%)', '라오룸(ລາວລຸ່ມ 메콩강 주변을 따라 거주 : 50%)' 등 49개의 소수민족이 살고 있습니다. 각 민족마다 언어가 조금씩 다르지만 대부분 '라오스어'를 사용하고 있습니다. 라오스인들은 약 90%가 '테라바다 불교(소승불교)'를 믿고 있습니다.

ເຈົ້າມາທ່ຽວບໍ?

짜오마린버

당신은 놀러 왔나요?

주요 문법

• 의문문 (1)

녹음을 듣고 회화문을 따라 읽으며 발음을 익혀 보세요.

ພະນັກງານ
파낙응-안

ເຈົ້າ ມາ ຫຼື ບໍ?
짜오　마　린버

ຄິມຈິນອູ
김진우

ແມ່ນ, ຂ້ອຍ ມາ ຫຼື.
맨　　커이　마　린

ພະນັກງານ
파낙응-안

ເຈົ້າ ມາ ຢູ່ ຈັກ ມື້?
짜오　마　유　짝　므

ຄິມຈິນອູ
김진우

ຂ້ອຍ ມາ 4 ມື້.
커이　　마　씨　므

ພະນັກງານ
파낙응-안

ເຈົ້າ ພັກ ຢູ່ ໂຮງຈັນ ແມ່ນບໍ?
짜오　팍　유　위-양짠　　맨버

ຄິມຈິນອູ
김진우

ບໍ! ຂ້ອຍ ພັກ ຢູ່ ວັງວຽງ.
버　커이　팍　유　왕위-양

직원	당신은 놀러 왔나요?
김진우	네, 저는 놀러 왔습니다.
직원	당신은 며칠 정도 있을 겁니까?
김진우	4일 정도 있을 겁니다.
직원	당신은 비엔티안에서 묵는 것이 맞습니까?
김진우	아니요! 방비엥에서 묵을 겁니다.

🎧 03-2

ພະນັກງານ [파낙응-안] 직원	ມື້ [므] 일, 날
ຫຼິ້ນ [린] 놀다	ຢູ່ [유] ~에, ~에서
ມາຫຼິ້ນ [마린] 놀러 오다	ພັກ [팍] 묵다
ແມ່ນ [맨] 맞다	ບໍ່ [버] 아니다 (부정사)
ແມ່ນບໍ່ [맨버] 맞습니까? (의문조사)	ວັງວຽງ [왕위-양] 방비엥
ຈັກ [짝] 몇 (의문사)	

Ⓐ 의문문 (1)

의문문은 일반적으로 평서문 뒤에 '의문조사'를 붙이거나 '의문사'를 사용하여 만들 수 있습니다.

평서문 + 의문조사

의문조사			
ບໍ [버]	~까?	ບໍ່ແມ່ນທວາ [버맨와-]	아닙니까?
ທວາ [와-]	~까? / ~니?	ຫລືບໍ [르버]	~입니까 아닙니까?
ແມ່ນບໍ [맨버]	맞습니까?	ຫລືຍັງ [르냥]	~입니까 아직입니까?

● ບໍ [버] : ~까?

상대방의 의사를 물어 볼 때 사용하는 의문조사로써 문장 끝에 위치해 의문문을 만들어 줍니다. 단, 부정문 뒤에는 사용할 수 없습니다.

ເຈົ້າກິນເຂົ້ານຳກັນບໍ?

짜오　낀　카오　남깐　버

(당신은) 함께 식사하겠습니까?

● ທວາ [와-] : ~까? / ~니?

상대방의 의사를 재확인할 때 사용하는 의문조사로써, 부정문 뒤에 사용할 수 있습니다.

ເຈົ້າຈະຊື້ກະເປົານີ້ທວາ?

짜오　짜　쓰　까빠오　니　와-

이 가방을 정말 살 겁니까?

- **ແມ່ນບໍ່** [맨버] : 맞습니까?

상대방에게 어떤 사실을 확인할 때 쓰는 '긍정형 의문조사'입니다. '맞다'라는 의미인 **ແມ່ນ** [맨] 뒤에 의문사인 **ບໍ່** [베]가 결합되어 '맞습니까?' 또는 '맞나요?'의 의미로 표현됩니다.

ລາວດື່ມນ້ຳແມ່ນບໍ່?
라오 듬 남 맨버

그는 물을 마신 것이 맞습니까?

- **ບໍ່ແມ່ນທວາ** [버맨와-] : ~인 것 아닙니까?

상대방에게 어떤 상황을 확인 할 때 사용하는 '부정형 의문조사'입니다. '**ບໍ່**(아니다)'와 '**ແມ່ນທວາ**(맞습니까?)'가 결합되어 '맞습니까 아닙니까?'의 의미를 나타냅니다.

ເຈົ້າຕ້ອງກິນຍາບໍ່ແມ່ນທວາ?
짜오 떵 낀 야 버맨와-

당신은 약을 먹어야 하는 것 아닙니까?

- **ຫລືບໍ່** [르버] : ~입니까 아닙니까?

둘 중 하나를 선택할 때 사용하는 '선택 의문조사'입니다. '**ຫລື**(아니면)'와 '**ບໍ່**(아니다)'가 결합되어 '~입니까? 아니면 ~이 아닙니까?'의 의미를 나타냅니다.

ເຈົ້າຕ້ອງ ໄປວຽກຫລືບໍ່?
짜오 떵 빠이 위-약 르버

오늘 당신은 일을 하러 갑니까 아닙니까?

- **ຫລືຍັງ** [르냥] : ~입니까 아직입니까?

두 상황의 사실 확인을 위해 질문할 때 선택 의문문을 만드는 의문조사입니다. '**ຫລື**(아니면)' 와 '**ຍັງ**(아직)'이 결합되어 '~입니까? 아니면 아직입니까?'의 의미를 나타냅니다.

ເຂົາ ໄປຫລືຍັງ?
카오 빠이 르냥

그들은 갔나요 아직인가요?

단어 🎧 03-3 --

ກິນ ເຂົ້າ [낀 카오] 밥을 먹다   **ນຳກັບ** [남깐] 함께   **ຊື້** [쓰] 사다   **ກະເປົາ** [까빠오] 가방   **ຕ້ອງ** [떵] ~이어야 한다
ວຽກ [위-약] 일

|연|습|문|제|

1. 빈칸에 알맞은 의문사을 〈보기〉에서 찾아 보세요.

> |보기|　　ຫລືຍັງ　　ແມ່ນບໍ່　　ຫວາ　　ບໍ່ແມ່ນຫວາ

(1) 아들은 과제 했습니까 아직입니까?

▶ ລູກຊາຍເຮັດວຽກບ້ານ＿＿＿＿＿？

(2) 오늘 그녀의 생일이니?

▶ ມື້ນີ້ຄືວັນເກີດຂອງລາວ＿＿＿＿＿？

(3) 그는 당신의 남자친구가 맞습니까?

▶ ລາວເປັນແຟນກັບເຈົ້າ＿＿＿＿＿？

2. 문장을 읽고 맞는 질문에 맞는 답변을 연결해 보세요.

(1) ເຈົ້າກິນເຂົ້ານຳກັບບໍ?　　　•　　　•　ⓐ 안 먹어도 됩니다.

(2) ເຈົ້າມາຫຼົ້ນແມ່ນບໍ?　　　•　　　•　ⓑ 네. 좋아요.

(3) ເຈົ້າຈະຊື້ກະເປົານີ້ຫວາ?　　　•　　　•　ⓒ 네. 살 겁니다.

(4) ເຈົ້າຕ້ອງກິນຢາບໍ່ແມ່ນຫວາ?　•　　　•　ⓓ 네. 맞습니다.

3. 내용을 읽고 맞으면 (O), 틀리면 (X) 표시를 하세요.

(1) 의문문은 평서문 뒤에 '의문사'를 사용하여 만들 수 있다.   (   )

(2) 의문조사 ບໍ는 부정문 뒤에 쓸 수 있다.   (   )

(3) ທວາ는 상대의 의사를 재확인하는 의문사이다.   (   )

(4) 상대방에게 사실을 확인할 때 쓰는 부정형 의문조사는 ແມ່ນບໍ່이다.   (   )

4. 녹음을 듣고 알맞은 답을 찾아 보세요.   🎧 03-4

(1) _____

① ນີ້ແມ່ນສໍ.   ② ແມ່ນ, ຂ້ອຍມາຫຼິ້ນ.

③ ຂອບໃຈ.   ④ ລາວແມ່ນໝູ່ຂ້ອຍ.

(2) _____

① ສະບາຍດີ.   ② ເຈົ້າ, ບໍ່ເປັນທຍັງ.

③ ຂ້ອຍພັກຢູ່ວັງວຽງ.   ④ 4ນີ້.

단어 🎧 03-5 --

ລູກຊາຍ [룩싸이] 아들   ວຽກບ້ານ [위약반] 과제   ມື້ນີ້ [므니] 오늘   ວັນເກີດ [완껃] 생일   ແຟນ [팬] 남자친구
ກິນ ເຂົ້າ [낀 카오] 밥을 먹다   ນີ້ [니] 이것   ແມ່ນ [맨] ~이다   ສໍ [써] 연필   ຫຼິ້ນ [린] 놀다   ມາ [마] 오다   ຊື້ [쓰] 사다
ຢາ [야] 약

●숙박 시설

호텔	ໂຮງແຮມ [홍햄]	카운터	ເຄົາເຕີ [카오떠]
리조트	ລີສອດ [리썬]	로비	ລ໋ອບບີ້ [럽비]
게스트하우스	ບ້ານພັກ [반팍]	수영장	ສະລອຍນ້ຳ [싸러이남]
아파트	ອາພາດເມັ້ນ [아팓멘]	주차장	ບ່ອນຈອດລົດ [번쩓롣]
원룸	ຫ້ອງເຊົ່າ [헝싸오]	수건	ຜ້າເຊັດໜ້າ [파쎋나]
1인실	ຫ້ອງດ່ຽວ [헝디야오]	타월	ຜ້າເຊັດໂຕ [파쎋또]
2인실	ຫ້ອງຄູ່ [헝쿠]	서랍	ຕູ້ [뚜]
침대	ຕຽງ [띠양]	불	ດອກໄຟ [떡파이]
빈 방	ຫ້ອງວ່າງ [헝왕]	엘리베이터	ລິບ / ລິຟ [립 / 맆]
예약하다	ຈອງ [쩡]	세탁소	ຮ້ານຊັກແຫ້ງ [한싹행]

· 라오스의 절 ·

라오스어로 절을 '왓(ວັດ)'이라고 합니다. '스님이 살고 있는 곳, 죽음의 세상과 살고 있는 세상을 연결하는 곳'이라는 의미가 있습니다.

라오스 인구의 약 90% 이상이 불교도입니다. 그러므로 라오스의 절은 사회문화에 매우 밀접한 의미와 위치를 차지하고 있습니다. 라오스인의 사고방식 속에는 기본적으로 불교사상이 잠재되어 있으며, 대부분이 불교 신자입니다. 라오스의 절은 종교적인 역할 이외에 문화적 역할과 교육기관도 함께 병행합니다. 그만큼 종교적 의존도가 높은 국가입니다.

라오스인들에게 절은 가장 존경스럽고 성스러운 장소이기 때문에 여행자라 할지라도 절 안에서는 라오스인처럼 예의를 지켜서 행동해야 합니다. 특히, 여자는 불상과 스님에게 절대 손을 대면 안 됩니다. 남자는 긴 바지를 입어야 하고 여자는 살이 보이지 않도록 천으로 몸을 가려야 합니다. 또한, 절 안에서는 큰 소리로 말하거나 시끄럽게 행동하면 절대 안 됩니다. 조용하게 대화하고 신발을 벗고 들어가야 하는 등 여러 가지 제약이 있습니다. 그렇지만 전통을 중요시하는 국가인 만큼 아름답고 멋스러운 경관을 자랑하는 절들이 많으므로 예의범절만 잘 익히고 간다면 좋은 추억을 만들 수 있을 것입니다.

ອັນນີ້ແມ່ນຫຍັງ?
안니맨냥

이것은 무엇입니까?

주요 문법

- -

• 지시대명사 • 지시형용사

ຄິມຈິນອູ 김진우	ຫວ່າ, ອັນນີ້ ແມ່ນຫຍັງ? 　　라　　안니　　　맨냥
ຫວ່າ 라	ອາຫານ ນີ້ ແມ່ນ ຕຳຫມາກຫຸ່ງ. 아한　　니　　맨　　땀막훙
ຄິມຈິນອູ 김진우	ອາຫານ ນີ້ ເປັນຕາ ແຊບ ຫລາຍ. 아한　　니　　뻰따　　쌥　　라이 ຂາຍ ຢູ່ ໃສ? 카이　유　싸이
ຫວ່າ 라	ມີ ຢູ່ ບ່ອນພຸ້ນ. ໃຫ້ ໄປ ນຳ ບໍ່? 미　유　번푼　　　　하이　빠이　남　버
ຄິມຈິນອູ 김진우	ດີເລີຍ! ຮັບ ໄປ ກັນເຫາະ! 디러이　　　힙　빠이　깐터

김진우   라 씨, 이것은 무엇입니까?
라   이것은 '땀막훙'이라는 음식입니다.
김진우   이 음식이 맛있어 보이네요.
         어디에서 판매하나요?
라   저곳에 있어요. 같이 가서 봐 줄까요?
김진우   좋아요! 빨리 가요!

🎧 04-2

ແມ່ນຫຍັງ [맨낭] 무엇	ຢູ່ໃສ [유 싸이] 어디
ອາຫານ [아한] 음식	ມີ [미] 있다
ຕຳໝາກຫຸ່ງ [땀막훙] 땀막훙 (파파야로 만든 샐러드)	ຢູ່ [유] ~에, ~에서
ເປັນຕາ [뻰따] 보이다	ໃຫ້ [하이] 주다
ແຊບ [쌥] 맛있다	ດີເລີຍ [디러이] 좋다
ຂາຍ [카이] 팔다	ຮີບໄປ [힙 빠이] 빨리 가다

A 지시대명사

지시대명사는 '사물'이나 '장소' 등을 가리키는 대명사입니다.

지시사	의미		
이 : ນີ້ [니]	이것 : ອັນນີ້ [안니]		이 사람 : ຄົນນີ້ [콘니]
그 : ນັ້ນ [난]	그것 : ອັນນັ້ນ [안난]		그 사람 : ຄົນນັ້ນ [콘난]
저 : ພຸ້ນ [푼]	저것 : ອັນພຸ້ນ [안푼]		저 사람 : ຄົນພຸ້ນ [콘푼]

ອັນນີ້ ແມ່ນ ປຶ້ມ [안니 맨 쁨] 이것은 공책이다.

ຄົນນີ້ ແມ່ນ ພໍ່ຕູ້ ຂອງຂ້ອຍ. [콘니 맨 퍼뚜 컹커이] 이 사람은 저의 할아버지입니다.

ອັນນັ້ນ ແມ່ນ ໄມ້ບັນທັດ [안난 맨 마이반탇] 그것은 자이다.

ຄົນນັ້ນ ແມ່ນ ນັກຂຽນ. [콘난 맨 낙키얀] 그 사람은 작가입니다.

ອັນພຸ້ນ ແມ່ນ ໂທລະພາບ [안푼 맨 토라팝] 저것은 텔레비전이다.

ຄົນພຸ້ນ ແມ່ນ ແຟນຂອງລາວ. [콘푼 맨 팬컹라오] 저 사람은 그의 여자친구이다.

(1) 지시대명사 '이/그/저'와 '이것/그것/저것'은 사물과 결합할 때 같은 의미를 가지므로, 서로 대체 표현이 가능합니다.

ນີ້ແມ່ນສໍ [니 맨 써]   = ອັນນີ້ແມ່ນສໍ [안니 맨 써]   이것은 연필이다.

ນັ້ນແມ່ນບິກ [난 맨 빅]   = ອັນນັ້ນແມ່ນບິກ [안난 맨 빅]   그것은 펜이다.

ພຸ້ນແມ່ນໂຮງໝໍ [푼 맨 홍머]   = ຢູ່ພຸ້ນແມ່ນໂຮງໝໍ [유푼 맨 홍머]   저곳은 병원이다.

(2) 지시대명사 앞에 'ບ່ອນ[번]'과 'ຢູ່[유]'를 붙이면 '장소'를 나타냅니다. 다만, 'ຢູ່[유]'는 '장소'와 '위치' 모두 사용 가능합니다.

이곳, 여기	그곳, 거기	저곳, 저기
ບ່ອນນີ້, ຢູ່ນີ້ [번니] [유니]	ບ່ອນນັ້ນ, ຢູ່ນັ້ນ [번난] [유난]	ບ່ອນພຸ້ນ, ຢູ່ພຸ້ນ [번푼] [유푼]

ບ່ອນນີ້ແມ່ນ ໂຮງແຮມ. = ຢູ່ນີ້ແມ່ນ ໂຮງແຮມ.　　여기는 호텔입니다.
　[번니]　 [맨]　[홍햄]　　　[유니]　[맨]　[홍햄]

ບ່ອນນັ້ນແມ່ນ ຮ້ານ. = ຢູ່ນັ້ນແມ່ນ ຮ້ານ.　　거기는 가게입니다.
　[번난]　　 [맨]　[한]　　[유난]　[맨]　[한]

ບ່ອນ ພຸ້ນ ແມ່ນ ຕະຫລາດ. = ຢູ່ພຸ້ນ ແມ່ນ ຕະຫລາດ.　　저기는 시장입니다.
　[번푼]　　　[맨]　[따랃]　　[유푼]　　[맨]　[따랃]

B 지시형용사

지시형용사는 명사 뒤 또는 수량사 뒤에 위치합니다. (* 수량사 : 사물을 세는 단위)

이	ນີ້ [니]	ໜັງສືພິມ ນີ້ [낭쓰핌 니] ດອກໄມ້ ນີ້ ງາມ. [덕마이 니 응-암]	이 신문 이 꽃은 아름답다.
그	ນັ້ນ [난]	ເຄື່ອງນຸ່ງ ຊຸດ ນັ້ນ [크앙눙 쑫 난] ຄອມພິວເຕີ ນັ້ນ ໃຫຍ່ ຫຼາຍ. [컴피우터 난 나이 라이]	그 옷 한 벌 그 컴퓨터는 아주 크다.
저	ພຸ້ນ [푼]	ຕຸກກະຕາ ໂຕ ພຸ້ນ ໜ້າຮັກ [뚝까따 또 푼 나학] ອາຈານ ຄົນ ພຸ້ນ ງາມ. [아짠 콘 푼 응-암]	저 인형이 귀엽다. 저 선생님이 아름답다.

* 지시형용사는 다음과 같이 전치사 뒤에 위치하기도 합니다.

ຈອກ ຢູ່ ຂ້າງ ນັ້ນ [쩍 유 캉 난]　컵이 그 옆에 있다.

단어 🎧 04-3

ປຶ້ມ [븜] 공책　　ພໍ່ເຖົ້າ [퍼뚜] 할아버지　　ໄມ້ບັນທັດ [마이반탇] 자　　ມັກຂຽນ [낙키얀] 작가　　ໂທລະພາບ [토라팝] 텔레비전
ແຟນ [팬] 여자친구　　ສໍ [써] 연필　　ບິກ [빅] 펜　　ໂຮງໝໍ [홍머] 병원　　ໂຮງແຮມ [홍햄] 호텔　　ຮ້ານ [한] 가게
ຕະຫລາດ [따랃] 시장　　ໜັງສືພິມ [낭쓰핌] 신문　　ດອກໄມ້ [덕마이] 꽃　　ຕຸກກະຕາ [뚝까따] 인형　　ອາຈານ [아짠] 선생님

1. 빈칸에 들어갈 〈지시사〉를 괄호 안에서 찾아 체크해 보세요.

(1) ຄົນ_____ພາຂ້ອຍມາໂຮງໝໍ.　　(ນັ້ນ / ນັ້ນ)

(2) _____ແມ່ນເສື້ອຂອງໃຜ?　　(ນີ້ / ນີ່)

(3) ລົດຄັນ_____ຂອງຂ້ອຍ　　(ພຸ້ນ / ພຸນ)

(4) ແມວ_____ໜ້າຮັກ.　　(ນັ້ນ / ນີ່)

2. 문장에 있는 지시사의 뜻을 찾아 연결해 보세요.

(1) ອັນນັ້ນແມ່ນໂນດບຸກຂອງເຈົ້າ.　•　　•　ⓐ 이것

(2) ອັນນີ້ແມ່ນກະເປົາຂອງລາວ.　•　　•　ⓑ 이곳

(3) ລາວຖິ່ມນັ້ນຢູ່ບ່ອນນີ້.　•　　•　ⓒ 그것

(4) ແມ່ຢູ່ບ່ອນພຸ້ນ.　•　　•　ⓓ 그곳

(5) ລົດຈັກຢູ່ບ່ອນນັ້ນ.　•　　•　ⓔ 저것

(6) ອັນພຸ້ນແມ່ນໂທລະສັບ.　•　　•　ⓕ 저곳

3. 내용을 읽고 맞으면 (O), 틀리면 (X) 표시를 하세요.

(1) 지시대명사는 주어 자리에 위치하거나 동사 뒤에 자리한다. ( )

(2) 지시대명사 ນີ້와 ອັນນີ້는 의미가 같아서 바꿔서 쓸 수 있다. ( )

(3) 지시대명사 ອັນນັ້ນ과 ນັ້ນ은 의미가 달라서 서로 바꿔서 쓸 수 없다. ( )

4. 녹음을 듣고 알맞은 답을 찾아 보세요. 🎧 04-4

(1) _____

①   ②   ③   ④

(2) _____

①   ②   ③   ④

단어 🎧 04-5 --

ເສື້ອ [쓰아] 셔츠   ແມວ [매우] 고양이   ໜ້າຮັກ [나학] 사랑스럽다   ໂນດບຸກ [논북] 노트북   ກະເປົາ [까빠오] 가방

ແມ່ [매] 엄마   ລົດຈັກ [롣짝] 오토바이   ແຮມເບີເກີ [햄버꺼] 햄버거

● 형용사

ໃຫຍ່ [냐이]
큰

ນ້ອຍ [너이]
작은

ຫຼາຍ [라이]
많은

ໜ້ອຍ [너이]
적은

ຍາວ [나우]
긴

ສັ້ນ [싼]
짧은

ສູງ [쑹]
높은

ຕ່ຳ [띰]
낮은

ແພງ [팽]
비싼

ຖືກ [특]
싼

ໜັກ [낙]
무거운

ເບົາ [바오]
가벼운

ໄວ [와이]
빠른

ຊ້າ [싸]
느린

ອຸ່ນ [운]
따뜻한

ເຢັນ [옌]
추운

라오스 ♡
탐방
기

· 라오스의 도시 ·

　라오스 정부는 2018년을 '라오스 방문의 해'로 정하고 관광객 유치를 위해 기존의 관광지들을 새롭게 단장했습니다. 도시명도 '루앙프라방'에서 '나컨루앙프라방'으로 변경했습니다. 대표적인 도시로는 '나컨루앙프라방(ມະຄອນຫຼວງພະບາງ)', '나컨빡쎄(ມະຄອນປາກເຊ)', 나컨까이썬폼위한(ມະຄອນໄກສອນພົມວິຫານ)'이 있습니다.

● 루앙프라방(ມະຄອນຫຼວງພະບາງ)

　'루앙프라방'은 라오스의 북쪽에 있는 작은 도시입니다. 고대 도시의 루앙프라방은 1995년에 '유네스코 세계 문화유산 보호 지역'으로 지정되었습니다. 이곳은 라오스의 문화 중심으로 볼 수 있습니다. 이 작은 문화 도시는 관광객이 가장 많이 방문한 도시이며 동남아시아 중에서 가장 아름다운 도시 중 하나입니다.

허우캄 (ຫໍຄຳ : 왕궁 박물관)　　　꽝시 폭포(ນ້ຳຕົກ ຕາດກວາງຊີ)

● 빡쎄(ມະຄອນປາກເຊ)와 까이썬폼위한(ມະຄອນໄກສອນພົມວິຫານ)

　'쨤빠싹(ຈຳປາສັກ)'에서 가장 큰 도시인 '빡쎄'는 라오스 남쪽에서 유명한 관광지로 '강의 입'이라는 뜻을 가지고 있습니다. 쨤빠싹에는 '까이썬폼위한'이라는 관광지도 있습니다. 이 두 도시의 특징은 건물과 집들이 프랑스 스타일로 되어있으며, 남쪽의 베트남과 캄보디아의 영향을 받아서 북쪽에서는 볼 수 없는 특색있는 문화를 경험할 수 있습니다.

ເສົາອາທິດນີ້ຈະເຮັດຫຍັງ?

싸오아틷니짜헫냥

이번 주말에 무엇을 할 건가요?

주요 문법

• 의문문 ⑵ • 부정대명사

녹음을 듣고 회화문을 따라 읽으며 발음을 익혀 보세요. 🎧 05-1

ຫຼ້າ
라
ເສົາອາທິດ ນີ້ ຈະ ເຮັດ ຫຍັງ?
싸오아틷   니 짜 헫   냥

ຄິມຈິນອູ
김진우
ຂ້ອຍ ຢາກ ໄປ ວັດ ທຳພະແກ້ວ.
커이   약   빠이 왇 허파깨오

ຫຼ້າ
라
ເຈົ້າ ຈະ ໄປ ກັບ ໃຜ?
짜오   짜   빠이 깝 파이

ຄິມຈິນອູ
김진우
ຂ້ອຍ ຈະ ໄປ ຄິນດຽວ. ແຕ່ ບໍ່ຮູ້ ໄປ ແນວໃດ.
커이   짜   빠이 콘디야오   때 버후 빠이 내우다이

ຫຼ້າ
라
ຂໍ ລົດຕຸກຕຸກ ໄປ ເດີ.
커 롣뚝뚝   빠이 더

ຄິມຈິນອູ
김진우
ເປັນຫຍັງ?
뻰냥

ຫຼ້າ
라
ເພາະວ່າ ຂຶ້ນ ຢູ່ ບ່ອນໃດ ກໍໄດ້ ແລະ ໄວ ທີ່ສຸດ.
퍼와   큰 유 번다이 꺼다이 래 와이 티쑫

ຄິມຈິນອູ
김진우
ຂອບໃຈ.
컵짜이

라	이번 주말에 무엇을 할 건가요?
김진우	프라깨우 사원에 가고 싶어요.
라	누구와 같이 가나요?
김진우	혼자 갈 건데, 어떻게 가는지 잘 모르겠어요.
라	툭툭을 타고 가세요.
김진우	왜요?
라	어디서든지 탈 수 있고 가장 빠르기 때문이에요.
김진우	감사합니다.

🎧 05-2

ເສົາອາທິດ [싸오아팃] 주말	ຂີ່ [키] 타다
ຍາກ [약] 원하다, 요구하다	ລົດຕຸກຕຸກ [롯뚝뚝] 툭툭(개조형 오토바이)
ວັດ [왙] 사원	ເພາະວ່າ [퍼와] ~ 때문에
ທຳພະແກ້ວ [허파깨오] 프라깨우 사원	ຂຶ້ນ [킌] 올라가다, 타다
ກັບ [깝] 같이, ~와/과	ກຳໄດ້ [꺼다이] ~ 수 있다
ຄົນດຽວ [콘디야오] 혼자	ແລະ [래] 그리고
ແຕ່ [때] 하지만	ໄວ [와이] 빠르다
ບໍ່ຮູ້ [버후] 모르다	ທີ່ສຸດ [티쑫] 가장

| 문법 |

Ⓐ 의문문 (2)

라오스어의 의문문은 다음과 같은 의문사를 사용하여 만들 수 있습니다.

누구	ໃຜ [파이]	ຜູ້ນີ້ແມ່ນ ໃຜ? [푸니 맨 파이]	이 사람은 누구입니까?
무엇	ຫຍັງ [냥]	ອັນນີ້ແມ່ນ ຫຍັງ? [안니 맨 냥]	이것은 무엇입니까?
왜	ເປັນຫຍັງ [뻰냥]	ລາວ ເປັນຫຍັງ ບໍ່ ກິນ ເຂົ້າ? [라오 뻰냥 버 낀 카오]	그는 왜 밥을 안 먹습니까?
언제	ເມື່ອໃດ [므아다이]	ເມື່ອໃດ ຈະ ນອນ? [므아다이 짜 넌]	언제 잘 겁니까?
어떻게	ແນວໃດ [내우다이] ແບບໃດ [뱁다이]	ແຕ້ມຮູບ ແນວໃດ? [땜훕 내우다이]	그림은 어떻게 그리나요?
어떤	ແບບໃດ [뱁다이]	ເຈົ້າ ມັກ ແບບໃດ? [짜오 막 뱁다이]	당신은 어떤 것을 좋아합니까?
얼마	ເທົ່າໃດ [타오다이]	ອັນນີ້ ລາຄາ ເທົ່າໃດ? [안니 라카 타오다이]	이것의 가격은 얼마입니까?
어디	ບ່ອນໃດ [번다이]	ໂຮງຮຽນຢູ່ ບ່ອນໃດ? [홍히얀 유 번다이]	학교는 어디에 있습니까?
어느	ໃດ [다이]	ມັກ ອັນ ໃດ? [막 안 다이]	어느 것이 더 좋으세요?
몇	ຈັກ [짝]	ເຈົ້າ ຈະ ໄປ ຫຼິ້ນ ຈັກ ມື້? [짜오 짜 빠이 린 짝 므]	당신은 며칠 동안 놀러 갈 겁니까?

B 부정대명사

'부정대명사'란 정해지지 않은 불특정 다수를 일컫는 말입니다. 부정대명사를 표현하는 방법은 일부 의문사를 사용하거나 의문사를 2번 반복해서 사용하는 방법이 있습니다. 이때의 의문사는 의문사의 역할이 아닌, '~든지'라는 수와 양을 알 수 없는 부정대명사의 역할을 합니다.

● 누구든지 : ໃຜ[파이], ໃຜໆ[파이-파이], ຜູ້ໃດ[푸다이]

ໃຜໆ ກໍ ມີ ກິດ ຈະ ກໍາ ເວລາ ຫວ່າງ .

파이-파이 꺼 미 낏짜깜   위라와앙

누구든지 취미가 있다.

● 어떤 것이든지 : ສິ່ງ ໃດໆ[씽다이-다이]

ສິ່ງ ໃດໆ ຂ້ອຍ ກໍ ກິນ ໄດ້.

씽다이-다이 커이 꺼 낀 다이

나는 어떤 것이든지 먹을 수 있다.

● 무엇이든지 : ແນວຫຍັງໆ[맨냥-맨냥]

ແນວຫຍັງໆ ລາວ ກໍ ເຮັດ ໄດ້.

맨냥-맨냥   라오 꺼 헬 다이

무엇이든지 그는 할 수 있다.

● 어디서든지 : ບ່ອນ ໃດ[번다이]

ຂຽນ ໃສ ບ່ອນ ໃດ ກໍ ໄດ້.

키얀   싸이 번다이   꺼다이

어디서든지 사용할 수 있다.

● 왜 : ເປັນຫຍັງ[뻰냥]

ຂ້ອຍ ບໍ່ ຮູ້ ວ່າ ເປັນຫຍັງ ບໍ່ ສະບາຍ.

커이   버후 와 뻰냥   버싸바이

나는 왜 아픈지 모르겠다.

1. 그림을 보고 상황에 어울리는 의문사를 연결해 보세요.

   (1)

   •   •   ⓐ ບ່ອນໃດ

   (2)
   •   •   ⓑ ຫຍັງ

   (3)
   •   •   ⓒ ເມື່ອໃດ

2. 빈칸에 알맞은 의문사를 〈보기〉에서 찾아 보세요.

   | 보기 | ໃຜ   ເປັນຫຍັງ   ແນວໃດ   ເທົ່າໃດ

   (1) _____ ລາວບໍ່ມາ?   그는 왜 안 오나요?

   (2) ບ່ອນນີ້ໄປ_____?   이곳은 어떻게 가나요?

   (3) _____ ເປັນຄົນເຮັດເຂົ້າຜັດ?   이 볶음밥을 누가 만들었어요?

   (4) ອັນນີ້ລາຄາ_____?   이것의 가격은 얼마예요?

$3.$ 내용을 읽고 맞으면 (O), 틀리면 (X) 표시를 하세요.

(1) 라오스어에서 누구든지라는 표현은 ໃຜ, ໃຜໆ, ຜູ້ໃດ 3가지가 있다.　　　(　　)

(2) 부정대명사는 의문사를 2번 사용할 수 없다.　　　(　　)

(3) '어떤 것이든지'라는 부정대명사는 ໃຜໆ이다.　　　(　　)

(4) '어떻게'라는 의미의 의문사는 ແນວໃດ와 ແບບໃດ가 있다.　　　(　　)

$4.$ 녹음을 듣고 알맞은 답을 찾아 보세요.　　🎧 05-3

(1) _____

①

②

③

④

● 반대 어휘

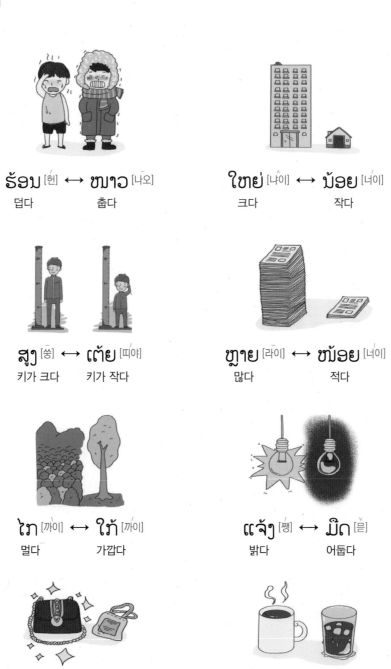

ຮ້ອນ [헌] ↔ ໜາວ [나오]
덥다   춥다

ໃຫຍ່ [냐이] ↔ ນ້ອຍ [너이]
크다   작다

ສູງ [쑹] ↔ ເຕ້ຍ [띠야]
키가 크다   키가 작다

ຫຼາຍ [라이] ↔ ໜ້ອຍ [너이]
많다   적다

ໄກ [까이] ↔ ໃກ້ [까이]
멀다   가깝다

ແຈ້ງ [쨍] ↔ ມືດ [믇]
밝다   어둡다

ແພງ [팽] ↔ ຖືກ [특]
비싸다   싸다

ຮ້ອນ [헌] ↔ ເຢັນ [옌]
뜨겁다   차갑다

라오스 탐방기

• 툭툭 (ລົດຕຸກຕຸກ[롣뚝뚝])

'툭툭'은 오토바이를 개조하여 만든 바퀴가 3개 달린 운송 수단으로 라오스의 독특한 대중교통 수단입니다. 비용은 운전사와 상의해서 결정됩니다.

• 짬보 (ລົດຈຳໂບ້[롣짬보])

형태는 툭툭과 비슷하지만, 툭툭 보다 더 크고 탑승자도 약 8~10명 정도를 태울 수 있습니다. 가끔, 같은 방향으로 가는 탑승자들과 합승하기도 합니다.

• 썽태우 (ລົດສອງແຖວ[롣썽태우])

트럭을 개조한 버스로, 10~12명 정도 탈 수 있고 비용은 운전사에게 물어본 후 타야 합니다. 썽태우는 보통 시내 안에서는 운행하지 않습니다.

• 전세 밴 (ລົດຕູ້[롣뚜])

미니 버스처럼 생긴 이동 수단으로 13명이 탈 수 있습니다. 보통 장거리 이용 시 많이 이용하며, 버스보다 가격이 좀 더 비싼편입니다.

• 버스 (ລົດເມ[롣매])

라오스의 버스는 따로 정류장이 없기 때문에 이용자가 언제든지 세워서 내릴 수 있습니다. 단, 수도 비엔티안에는 3개의 정류장이 있습니다. 버스비는 지역에 따라 다릅니다.

ສະຖານທີ່ ແລະ ທິດທາງ

싸탄티래틸탕

위치와 방향

주요 문법

• 위치와 방향

ຄິມຈິນອູ
김진우

ຂໍໂທດຫຼາຍໆ, ຂໍ ຖາມ ທາງ ແດ່.
커톧라이–라이　　커　탐　탕　대

ຄິມຍ່າງຜ່ານ
콘냥판

ເຈົ້າ. ຖາມ ມາ ເລີຍ.
짜오　탐　마 러이

ຄິມຈິນອູ
김진우

ຮ້ານອາຫານ ນີ້ ຢູ່ ໃສ ຮູ້ ບໍ່?
한아한　　니 유 싸이 후 버

ຄິມຍ່າງຜ່ານ
콘냥판

ອາ, ກະລຸນາ ໄປ ທາງຊ້ຶ ແລ້ວ ລ້ຽວ ທາງຂວາ.
아 까루나　빠이 탕쓰　래오　리야오　탕쿠와

ຢູ່ ທາງຂ້າງ ໄປສະນີ. ບໍ່ ໄກ ຈາກ ນີ້.
유 탕캉　　빠이싸니　버 까이 짝 니

ຄິມຈິນອູ
김진우

ຂອບໃຈຫຼາຍ.
컵짜이라이

김진우	실례합니다만, 길 좀 물을게요.
행인	네. 물어보세요.
김진우	이 음식점이 어디에 있는지 아시나요?
행인	아, 직진해서 오른쪽으로 가세요.
	우체국 옆쪽에 있어요.
	여기서 멀지 않아요.
김진우	감사합니다.

🎧 06-2

ຂໍ [커] 부탁하다, ~으세요	ກະລຸນາ [까루나] 제발, ~으세요
ຖາມ [탐] 묻다, 물어보다	ທາງຊື່ [탕씨] 직진
ທາງ [탕] 길	ແລ້ວ [래오] 그리고
ເຈົ້າ [짜오] 네(대답), 당신, 너	ທາງຂວາ [탕쿠와] 오른쪽
ຮ້ານອາຫານ [한아한] 음식점, 식당	ໄປສະນີ [빠이싸니] 우체국
ຮູ້ [후] 알다	ໄກ [까이] 멀다

Ⓐ 위치와 방향

위치와 방향을 나타내는 단어 앞에 'ທາງ[탕]'을 결합시키면 '~쪽'이라는 의미가 됩니다.

위	ເທິງ [텅]	위쪽	ທາງເທິງ [탕텅]
아래	ລຸ່ມ [룸]	아래쪽	ທາງລຸ່ມ [탕룸]
왼	ຊ້າຍ [싸이]	왼쪽	ທາງຊ້າຍ [탕싸이]
오른	ຂວາ [쿠와]	오른쪽	ທາງຂວາ [탕쿠와]
바깥	ນອກ [넉]	바깥쪽	ທາງນອກ [탕넉]
안	ໃນ [나이]	안쪽	ທາງໃນ [탕나이]
앞	ໜ້າ [나]	앞쪽	ທາງໜ້າ [탕나]
옆	ຂ້າງ [캉]	옆쪽	ທາງຂ້າງ [탕캉]
뒤	ຫຼັງ [랑]	뒤쪽	ທາງຫຼັງ [탕랑]

ໂຕໝານ້ອຍຢູ່ໃນຫ້ອງ.

또 마 너이 유 나이 헝

방 안에 강아지가 있습니다.

ໂຕແມວ ຢູ່ ທາງໜ້າ ໂຕະ.

또매오 유 탕나 또

테이블 앞쪽에 고양이가 있습니다.

ສວນສາທາລະນະ ຢູ່ ໃກ້ ບ້ານ.

쑤완싸타라나 유 까이 반

공원은 집에서 가깝습니다.

'**ທາງ**'[탕]은 '길'이라는 의미도 있습니다.

직진으로	ໄປຊື່ [빠이쓰]	직진	ທາງຊື່ [탕쓰]
돌다, 회전하다	ລ້ຽວ [리야오]	돌아가는 길	ທາງລ້ຽວ [탕리야오]
지나다, 통과하다	ຜ່ານ [판]	지나가는 길	ທາງຜ່ານ [탕판]
되돌아가다	ກັບໄປ [깝빠이]	되돌아가는 길	ທາງກັບ [탕깝]
건너다	ຂ້າມ [캄]	건너가는 길	ທາງຂ້າມ [탕캄]
멀다	ໄກ [까이]	먼 길	ທາງໄກ [탕까이]
가깝다	ໃກ້ [까이]	단거리	ທາງໃກ້ [탕까이]

좌회전	ລ້ຽວຊ້າຍ [리야오싸이]	우회전	ລ້ຽວຂວາ [리야오쿠아]
유턴	ລ້ຽວກັບ [리야오깝]	정지	ຢຸດ [윧]

ຜ່ານ ສະຖານີ ລົດໄຟໃຕ້ດິນ ຢູ່ ທາງຊ້າຍ ມີ ສູນການຄ້າ.

판   싸타니   롣파이따이딘   유   탕싸이   미   쑨깐카

백화점은 지하철역을 지나서 왼쪽에 있습니다.

1. 그림을 보고 빈칸에 알맞은 위치명사를 〈보기〉에서 찾아 보세요.

| 보기 |　　　ທາງຂວາ　　　ທາງຫຼັງ　　　ທາງໜ້າ　　　ເທິງ

(1)　ໂຕແມວຢູ່_____ຕັ່ງ

(2)　ໂຕແມວຢູ່_____ຕັ່ງ

(3)　ກະເປົາຢູ່_____ຕັ່ງ

(4)　ກະຕ່າຍຢູ່_____ຂອງກ່ອງ

2. 녹음을 듣고 그림과 일치하면 (O), 일치하지 않으면 (X) 표시를 하세요.

🎧 06-3

(1)

(   )

(2)

(   )

(3)

(   )

(4)

(   )

(5)

(   )

(6)

(   )

단어 🎧 06-4 ···

ແມວ [매오] 고양이   ກະເປົາ [까빠오] 가방   ກະຕ່າຍ [까따이] 토끼   ໂຕະ [또] 테이블   ກ່ອງ [껑] 상자   ໃຜ [파이] 아무도

ສວນສາທາລະນະ [쑤완싸타라나] 공원   ໂຕະຮຽນຫນັງສື [또히얀낭쓰] 책상   ຖັງຂີ້ເຫຍື້ອ [탕키녀으아] 쓰레기통

● 장소

ສະໜາມບິນ [싸남빈]
공항

ໂຮງແຮມ [홍햄]
호텔

ທະນາຄານ [타나칸]
은행

ຄິວລົດເມ [키오롣메]
버스 터미널

ສະຖານີ [싸타니]
역

ໂຮງໝໍ [홍머]
병원

ຮ້ານຂາຍຢາ [한카이야]
약국

ວັດ [왇]
사원 (절)

ຕະຫຼາດ [따랃]
마켓

ຮ້ານອາຫານ [한아한]
식당

ໄປສະນີ [빠이싸니]
우체국

ບໍລິສັດ [버리싿]
회사

ສວນສາທາລະນະ [쑤완싸타라나]
공원

ເຮືອນ / ບ້ານ [흐안 / 반]
집

• 시판돈 (ສີ່ພັນດອນ)

시판돈은 '4천 개의 섬'이라는 뜻으로, 라오스의 남쪽에 있는 짬빠싹(ຈຳປາສັກ)시에 있으며 캄보디아와 국경을 접하고 있는 삼각주 지역입니다. 메콩강의 수위에 따라서 섬의 수가 변하는 것이 특징입니다. 시판돈에서는 다양한 놀이와 볼거리가 있어서 여행자들에게 인기 있는 지역입니다. 콘 파펭(ດອນພະເພັງ)에서 카약을 경험할 수 있고 메콩강에서 돌고래도 구경할 수 있습니다. 리피 폭포(ນ້ຳຕົກ ຕາດລີຜີ)와 해가 질 무렵 노을의 풍경은 잊지 못할 추억이 될 것입니다.

• 항아리 평원 (ທົ່ງໄຫຫີນ)

라오스 북쪽 씨앙쿠앙(ຊຽງຂວາງ)시 폰사완(ໂພນສະຫວັນ) 마을에는 큰 항아리 평원이 있습니다. 다양한 사이즈와 크기의 항아리 모양으로 된 돌덩이 수십 개가 흩어져 있는 모습은 아직까지 수수께끼로 남아있습니다. 선사시대의 유골을 담는 항아리였다는 설도 있었지만 정확한 역할 및 활동은 파악되지 않았습니다.

• 왓푸 (ວັດພູ)

메콩강에서 8km 떨어진 푸카오 산(ພູເກົ້າ)에 지어진 사원으로 2001년 유네스코 문화유산으로 지정되었습니다. 매년 음력 1월 말~2월 초 사이에 다라 왓푸 축제가 열리는데 다양한 지역의 특별한 놀이와 게임 등을 즐길 수 있습니다.

ສັ່ງອາຫານ (1)

쌍아한

주문하기 (1)

주요 문법

• 접속사 (1)

ພະນັກງານ | ສະບາຍດີ. ຈະ ຮັບປະທານ ຫຍັງບໍ່?
파낙응-안 | 싸바이디   짜   합빠탄   냥버

ຄິມຈິນອູ | ເອົາ ຕຳໝາກຫຸ່ງ ໃສ່ປາແດກ ໃຫ້ ໜຶ່ງ ຈານ.
김진우 | 아오   땀막훙   싸이 빠댁   하이 능 짠

ຫຼ້າ | ເອົາ ເຂົ້າໜຽວ ແລະ ປີ້ງ ໄກ່ອິກຢ່າງລະ ອັນ.
라 | 아오   카오니야오   래   삥 까이 익 양 라 안

ພະນັກງານ | ໂດຍ, ຮັບ ເຄື່ອງດື່ມ ຫຍັງບໍ່?
파낙응-안 | 도이   합   크앙듬   냥버

ຄິມຈິນອູ | ເອົາ ນ້ຳດື່ມ 2 ຕຸກ.
김진우 | 아오   남듬   썽 뚝

ພະນັກງານ | ໂດຍ, ກະລຸນາ ຖ້າ ບົດ ໜຶ່ງ ເດີ້ ເຈົ້າ.
파낙응-안 | 도이   까루나   타   븓   능   더 짜오

ຄິມຈິນອູ | ໂດຍ, ຂອບໃຈ.
김진우 | 도이   컵짜이

종업원	안녕하세요. 무엇을 드시겠습니까?
김진우	빠댁을 넣은 땀막훙 한 그릇 주세요.
라	찹쌀과 구운 닭 하나씩도 같이 주세요.
종업원	네, 음료수는 어떤 것으로 드릴까요?
김진우	물 2병 주세요.
종업원	네, 잠시만 기다리세요.
김진우	네, 감사합니다.

🎧 07-2

ຮັບປະທານ [랍빠탄] 드시다	ເຂົ້າໜຽວ [카오니야오] 찹쌀	ລະ ອັນ [라 안] 하나씩
ໃສ່ [싸이] 넣다, 쓰다	ແລະ [래] 그리고	ເຄື່ອງດື່ມ [크앙듬] 음료수
ປາແດກ [빠댁] 발효된 생선 소스	ປິ້ງ ໄກ່ [삥 까이] 구운 닭	ນ້ຳດື່ມ [남듬] 생수, 물
ໜຶ່ງ [능] 1, 하나	ອິກ [익] 더	ຕຸກ [뚝] 병
ຈານ [짠] 그릇	ຢ່າງ [양] 가지, 종류	ຖ້າ [타] 기다리다

Ⓐ 접속사 (1)

접속사는 앞의 단어/문장과 뒤에 오는 단어/문장을 이어주는 역할을 합니다. 라오스어에는 '순접/역접/인과/대등 접속사'가 있습니다.

● 순접 접속사

순접 접속사는 앞의 내용을 같은 맥락에서 이어받아 연결시켜주는 역할을 합니다.

ກັບ [깝]	~와/과	ແລ້ວກໍ [래오꺼]	~하자마자, ~하고 나서
ແລະ [래]	그리고	ເມື່ອ ~ ກໍ [므아 ~ 꺼]	~할 때 ~는
ກໍ [꺼]	그래서, ~도, ~면	ທັງ ~ ແລະ [탕 ~ 래]	~와(도) ~도 모두

ເຈົ້າ ກັບ ຂ້ອຍ ໄປຕະຫຼາດ.
짜오 깝 커이 빠이따랃

당신과 나는 같이 시장에 갔다.

ຂ້ອຍ ກິນ ຕຳໝາກຫຸ່ງ ແລະ ປີ້ງ ໄກ່.
커이 낀 땀막훙 래 삥 까이

나는 땀막홍 그리고 구운 닭을 먹는다.

ລາວ ມັກ ຂ້ອຍ, ຂ້ອຍ ກໍ ມັກ ລາວ.
라오 막 커이 커이 꺼 막 라오

그는 나를 좋아하고, 나도 그를 좋아한다.

ຂ້ອຍ ຮຽນ ແລ້ວກໍ ກັບ ບ້ານ.
커이 히안 래오꺼 깝 반

나는 수업 끝나자마자 집에 간다.

ເມື່ອ ໄປ ຊື້ ເຄື່ອງ, ເຈົ້າ ກໍ ເງິນ ໝົດ.
므아 빠이 쓰 크앙 짜오 꺼 응-언 몯

장을 보러 갈 때 당신은 돈이 없어졌다.

ມື້ວານ ທັງ ຝົນຕົກ ແລະ ຟ້າຮ້ອງ .
므완 탕 폰똑 래 파헝

어제 비도 오고 천둥도 쳤다.

● 역접 접속사

역접 접속사는 앞의 내용과 상반되는 내용을 이어주는 역할을 합니다.

ແຕ່ [때]	그러나, 하지만	ເຖິງ ~ ກໍ [텅 ~ 꺼]	설사 ～할지라도, 비록 ～일지라도
ແຕ່ວ່າ [때와]			

ແມ່ຕຸ້ຍແຕ່ໄວ
매   뚜이 때 와이

어머니는 뚱뚱지만 빠르다.

ລາວກິນຫຼາຍແຕ່ວ່າບໍ່ອິ່ມ.
라오 낀 라이 때와   버임

그는 많이 먹었지만 전혀 배부르지 않다.

ເຖິງເຂົາຈົນເຂົາກໍຮັກເຜິ່ນ.
텅   카오 쫀 카오 꺼 학 펀

비록 나는 가난할지라도 그대를 사랑한다.

단어 🎧 07-3

ຕະຫຼາດ [따랏] 시장   ປີ້ງໄກ່ [삥까이] 구운 닭   ມັກ [막] 좋아하다   ຮຽນ [히얀] 수업/공부하다   ບ້ານ [반] 집
ຊື້ເຄື່ອງ [쓰크엉] 장을 보다   ເງິນໝົດ [응-언몯] 돈이 없어지다   ມື້ວານ [므완] 어제   ຝົນຕົກ [폰똑] 비가 오다
ຟ້າຮ້ອງ [파헝] 천둥 치다   ຕຸ້ຍ [뚜이] 뚱뚱하다   ໃຈດີ [짜이디] 착하다   ບໍ່ອິ່ມ [버임] 배부르지 않다   ຈົນ [쫀] 가난하다
ຮັກ [학] 사랑하다

1. 〈보기〉에서 '순접 접속사'와 '역접 접속사'를 찾아 보세요.

| 보기 | ແຕ່   ແລ້ວກໍ   ແຕ່ວ່າ   ແລະ   ກັບ

순접 접속사	역접 접속사

2. 알맞은 접속사로 빈칸을 채워 문장을 완성해 보세요.

(1) 나는 당신과 함께 밥 먹기를 원한다.

▶ ຂ້ອຍຢາກໄປກິນເຂົ້າ_____ເຈົ້າ.   [순접 접속사 : ~와/과]

(2) 그는 공부를 하고 나서 잤다.

▶ ລາວຮຽນ_____ນອນ.   [순접 접속사 : ~하고 나서]

(3) 나는 이 바지를 사고 싶지만, 돈이 없다.

▶ ຂ້ອຍຢາກຊື້ໂສ້ງໂຕນີ້_____ບໍ່ມີເງິນ.   [역접 접속사 : 하지만]

(4) 설사 그의 키가 작을지라도 그를 사랑한다.

▶ _____ລາວຈະເຕ້ຍ_____ຮັກລາວ.   [역접 접속사 : 설사 ~할지라도]

$3.$ 내용을 읽고 맞으면 (O), 틀리면 (X) 표시를 하세요.

(1) 라오스어의 접속사는 4가지로 나누어 진다. ( )

(2) 순접 접속사는 앞의 내용과 상반 되는 내용을 이어주는 것이다. ( )

(3) ກັນ는 '역접 접속사'이다. ( )

$4.$ 녹음을 듣고 알맞은 그림을 찾아 보세요. 🎧 07-4

(1) _____

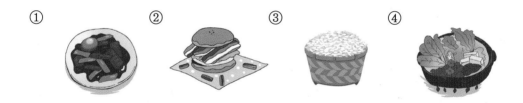

(2) _____

단어 🎧 07-5 ⋯⋯

ເຂົ້າ [카오] 밥   ຍາກ [약] 원하다   ນອນ [넌] 자다   ໂສ້ງ [쏭] 바지   ເງິນ [응-언] 돈   ບໍ່ມີ [버미] 없다   ເຕ້ຍ [띠야] 키가 작다
ເຂົ້າໜຽວ [카오니야오] 찹쌀   ນ້ຳດື່ມ [남듬] 생수

● 음식점 표현

자리 있나요?	ມີ ບ່ອນວ່າງບໍ່? [미번왕버]
메뉴판 주세요.	ຂໍ ເມນູ ແດ່. [커 메누 대]
저기요! (종업원을 부를 때)	ນ້ອງ [넝], ເອື້ອຍ [으아이], ອ້າຍ [아이], ຜູ້ບ່າວ [푸바오], ຜູ້ສາວ [푸싸오]
주문할게요.	ສັ່ງ ອາຫານ ແດ່. [쌍 아한 대]
이거 주세요.	ເອົາອັນນີ້. [아오안니]
물 한 병 주세요.	ເອົາ ນ້ຳ ຕຸກາານນຶ່ງ. [아오 남 뚝능]
이거 하나 더 주세요.	ເອົາ ອັນນີ້ ໃຫ້ແດ່ ອີກ ອັນທນຶ່ງ. [아오 안니 하이대 익 안능]
얼마예요?	ເທົ່າໃດ? [타오 다이]
포장되나요?	ເອົາ ກັບ ບ້ານ ໄດ້ບໍ່? [아오 깝 반 다이버]
화장실이 어디인가요?	ຫ້ອງນ້ຳ ຢູ່ ໃສ? [헝남 유 싸이]
소스 주세요.	ຂໍແຈ່ວໃຫ້ແດ່. [커째오하이대]
맛있어요.	ແຊບ. [쌥]
매우 맛있어요.	ແຊບ ຫຼາຍໆ. [쌥 라이-라이]

• 라오스의 음식 •

라오스 사람들은 자녀들을 '룩카오니야우(ລູກເຂົ້າໜຽວ)'라고 부릅니다. '찹쌀의 자녀'라는 의미로, 세계 찹쌀 소비 1위 국가인 만큼 라오스의 주식이 '찹쌀'이기 때문에 붙여진 이름입니다. 라오스의 상차림은 한국과 같이 '밥, 국, 요리'의 한상차림을 기본 구성으로 하며, 다른 동남아시아 음식보다 단맛이 적은 것이 특징입니다. 찹쌀밥은 손으로 적당한 크기로 뭉쳐서 각종 소스에 찍어 먹습니다. 다양한 소스 중 '빠댁(ປາແດກ)'이라는 발효된 생선 소스는 향이 조금 강하지만 음식의 감칠맛을 내주기 때문에 라오스 음식에서 빠지지 않고 사용되는 소스 중 하나입니다. 라오스 음식 중 대중에게 가장 사랑 받는 음식에는 '땀막홍(ຕຳໝາກຫຸ່ງ), 랍(ລາບ), 싸이우와(ໄສ້ອ່ວ), 카오써이(ເຂົ້າຊອຍ)' 등이 있습니다.

ຕຳໝາກຫຸ່ງ [땀막홍]

ລາບ [랍]

ຂົ້ວໝີ່ [쿼아미]

ໄສ້ອ່ວ [싸이우와]

ປີ້ງໄກ່ [삥까이]

ເຂົ້າຊອຍ [카오써이]

ບົດທີ
08

ສັ່ງອາຫານ (2)
쌍아한

주문하기 (2)

주요 문법
- 접속사 (2)

ພະນັກງານ　　ຍິນດີຕ້ອນຮັບ.

파낙응-안　　닌디떤합

ຄິມຈິນອູ　　ຫ້າ, ເອົາ ກາເຟ ກັບ ເຄັກ ບໍ່?

김진우　　라　아오　까페　깝　켁　버

ຫ້າ　　ຂ້ອຍຍັງອິ່ມຢູ່.

라　　커이　냥　임　유

ເພາະສະນັ້ນ ຈະ ດິ່ມແຕ່ ກາເຟ.

퍼싸난　　짜　듬　때　까페

ຄິມຈິນອູ　　ຂ້ອຍ ຈະ ສັ່ງເຄັກ ພ້ອມ ເພາະ ອາຫານ ຍ່ອຍແລ້ວ.

김진우　　커이　짜　쌍켁　펌　퍼　아한　녀이　래오

ເອົາ ກາເຟ 2 ຈອກ ແລະ ເຄັກ ປ່ຽງ ຫນຶ່ງ.

아오　까페　썽　쩍　래　켁　삐앙　능

ພະນັກງານ　　ເຈົ້າ. ກະລຸນາ ຖ້າ ບິດ ຫນຶ່ງ.

파낙응-안　　짜오　까루나　타　븓　능

종업원	어서 오세요.
김진우	라 씨, 커피와 케이크 어때요?
라	저는 아직 배가 불러요.
	그러므로 커피만 마실게요.
김진우	저는 소화가 됐기 때문에 케이크도 주문할게요.
	커피 2잔이랑 케이크 한 개 주세요.
종업원	네. 잠시만 기다리세요.

🎧 08-2

ຍິນດີຕ້ອນຮັບ [닌디떤합] 환영하다	ອີ່ມ [임] 배부르다
ເອົາ [아오] 가지다, 갖다	ເພາະສະນັ້ນ [퍼싸난] 그러므로
ກາເຟ [까페] 커피	ດື່ມ [듬] 마시다
ເຄ້ກ [켁] 케이크	ສັ່ງ [쌍] 주문하다
ຍັງ [냥] 아직	ອາຫານ ຍ່ອຍ [아한 녀이] 소화되다

Ⓐ 접속사 (2)

● 인과 접속사

인과 접속사는 앞과 뒤의 문장을 원인과 결과 또는 결과와 원인의 관계로 이어주는 역할을 합니다.

ຈຶ່ງ [쯩]		ເພາະ [퍼] ເພາະ ~ ຈຶ່ງ [퍼 ~ 쯩]	~ 때문에
ດັ່ງນັ້ນ [당난]	그래서		
ດັ່ງນັ້ນຈຶ່ງ [당난쯩]		ເພາະສະນັ້ນ [퍼싸난]	그러므로
ເລີຍ [러이]		ຍ້ອນເຫດ ~ ຈຶ່ງ [년헫 ~ 쯩]	그러한 연유로

※ ຈຶ່ງ은 항상 주어 뒤에 옵니다.

ອ້າຍທ້ອງບໍ່ດີ ຈຶ່ງ ເຈັບທ້ອງ.

아이　　　텅　버디　쯩　쩹텅

오빠는 배탈이 나서 배가 아프다.

ເຈົ້າບໍ່ແຂງແຮງ ດັ່ງນັ້ນ ຕ້ອງ ອອກກຳລັງກາຍ.

짜오　버　캥행　　　당난　　　떵　억깜랑까이

당신은 건강하지 않아서 운동을 해야 한다.

ເຈົ້າຂຸຫມັ່ນ ດັ່ງນັ້ນຈຶ່ງ ຮັ່ງມີ.

짜오　두만　　　당난쯩　　　항미

당신은 부지런해서 많은 것을 얻었다.

ຝົນຕົກຫລາຍ ຂ້ອຍ ເລີຍ ປຽກ.

폰　똑　라이　　커이　러이　삐약

비가 많이 내려서 나는 다 젖었다.

ເພາະ ຂ້ອຍ ກິນ ເກ່ງ ຂ້ອຍ ຈຶ່ງ ຕຸ້ຍ.   나는 잘 먹기 때문에 뚱뚱하다.
퍼   커이 낀 껭 커이 쯩 뚜이

ຂ້ອຍ ຍາກ ໄປ ຮຽນ ຕ່າງ ປະເທດ. ເພາະ ສະນັ້ນ ຂ້ອຍ ຕ້ອງ ຕັ້ງໃຈ ຮຽນ.
커이   약 빠이 히얀 땅빠텟   퍼싸난   커이   떵 땅짜이 히얀

나는 유학을 가고 싶다. 그러므로 열심히 공부를 해야 한다.

ລາວ ບໍ່ມີ ເງິນ. ຍ້ອນເຫດ ນີ້ ລາວ ຈຶ່ງ ບໍ່ໄປ ຮຽນ ຕ່າງ ປະເທດ.
라오 버미 응-언 년헷   니 라오 쯩 버빠이 히얀땅빠텟

그는 돈이 없다. 그러한 연유로 유학을 가지 못했다.

● 대등 접속사

대등 접속사는 앞뒤의 내용을 동등한 관계로 나열하면서 이어주는 역할을 합니다.

ຫຼື [르]	~ 아니면	ບໍ່ກໍ [버꺼]	또는

ເຈົ້າ ຈະ ໄປ ກິນ ເຂົ້າ ຫຼື ໄປ ອອກກຳລັງກາຍ?
짜오 짜 빠이 낀 카오 르 빠이 억깜랑까이

너는 밥을 먹으러 갈 거니 아니면 운동하러 갈 거니?

ລາວ ມັກ ສີດຳ ບໍ່ກໍ ສີຂາວ.   그는 검은색 또는 흰색을 좋아한다.
라오막씨담   버꺼 씨카오

🎧 08-3 ·············

단어

ທ້ອງບໍ່ດີ [텅버디] 배탈나다   ເຈັບທ້ອງ [쩹텅] 배가 아프다   ບໍ່ແຂງແຮງ [버캥행] 건강하지 않다
ອອກກຳລັງກາຍ [억깜랑까이] 운동하다   ຂຸໝັ່ນ [쿠만] 부지런하다   ຮັ້ງມີ [항미] 많은 것을 얻다   ປຽກ [삐약] 젖다
ກິນເກ່ງ [낀껭] 잘 먹다   ຮຽນຕ່າງປະເທດ [히얀땅빠텟] 유학   ຕັ້ງໃຈ [땅짜이] 열심히   ສີດຳ [씨담] 검은색   ສີຂາວ [씨카오] 흰색

1. 〈보기〉에서 '인과 접속사'와 '대등 접속사'를 찾아 보세요.

| 보기 | ເພາະ ~ ຈຶ່ງ   ຫຼື   ດັ່ງນັ້ນ   ບໍ່ກໍ   ຈຶ່ງ

인과 접속사	대등 접속사

2. 알맞은 접속사로 빈칸을 채워 문장을 완성해 보세요.

(1) 그녀는 예뻐서 인기가 많다.

▶ ລາວງາມ_____ມີຊື່ສຽງ.   [인과 접속사 : 그래서]

(2) 나는 배가 아프다. 그러므로 약을 먹어야 한다.

▶ ຂ້ອຍເຈັບທ້ອງ. _____ ຈຶ່ງຕ້ອງກິນຢາ.   [인과 접속사 : 그러므로]

(3) 나는 잘 먹기 때문에 뚱뚱하다.

▶ _____ ຂ້ອຍກິນເກ່ງຂ້ອຍຈຶ່ງຕຸ້ຍ.   [인과 접속사 : ~ 때문에]

(4) 강아지가 집 앞 또는 집 뒤쪽에 있다.

▶ ໝາຢູ່ໜ້າບ້ານ_____ຫຼັງບ້ານ.   [대등 접속사 : 또는]

3. 녹음을 듣고 알맞은 그림을 찾아 보세요.

(1) _____   (2) _____   (3) _____

(4) _____   (5) _____   (6) _____

①

②

③

④

⑤

⑥

📎 단어 🎧 08-5

ນົມ [놈] 우유   ເຄັກຄາສີເຕລາ [켁카쓰떼라] 카스텔라   ຊາຂຽວ [싸키야오] 녹차   ຂະໜົມມາກະລອງ [카놈마카롱] 마카롱
ນ້ຳໝາກໄມ້ [남막마이] 주스   ໂດນັດ [도낟] 도넛   ຊາດຳ [싸담] 홍차   ຄຸກກີ [쿡끼] 쿠키   ໜຶ່ງຈອກ [능쩍] 한 잔
ສອງຈອກ [썽쩍] 2잔   ສາມຈອກ [쌈쩍] 3잔   ສີ່ຈອກ [씨쩍] 4개   ຫ້າຈອກ [하쩍] 5개   ໜຶ່ງປ່ຽງ [능삐얭] 한 조각

• 라오스의 주식

라오스의 주식은 찹쌀밥(ເຂົ້າໜຽວ[카오니야우])으로 대나무 바구니 또는 통에 담겨 나오며 양념장에 찍어 맨손으로 먹는 경우가 많습니다.

각종 반찬은 일회용 봉지에 국물 등과 함께 담겨서 간편하게 구입할 수 있도록 판매하고 있습니다. 라오스인들이 가장 사랑하는 반찬 중 하나로는 가늘게 썬 파파야, 고춧가루, 각종 향신료를 양배추와 함께 버무려서 먹는 라오스식 김치인 '땀막홍(ຕຳໝາກຫຸ່ງ)'이 있습니다.

• 바게트 샌드위치

바게트 샌드위치는 '카오찌빠떼(ເຂົ້າຈີ່ປາເຕ້)'라고 하며 라오스의 길거리 대표 음식 중 하나입니다. 갓 구운 바삭한 바게트에 계란과 오이, 토마토, 치즈, 돼지고기, 소시지, 치킨 등을 넣고 각종 소스를 뿌려서 먹습니다. 간편하게 식사 대용으로 먹을 수 있고 취향에 따라 소스와 재료를 선택할 수 있는 폭도 넓어서 특히 젊은 층과 여행객들에게 인기가 많습니다.

• 구이

라오스에는 다양한 종류의 꼬치구이가 있습니다. '삥(ປີ້ງ)'은 '구이'라는 뜻으로, 생선구이, 생선 소금구이(ປີ້ງປາທາເກືອ[삥빠타끄아]), 닭구이(ປີ້ງໄກ່[삥까이]) 등이 있습니다.

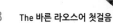

• 자연 건조대

라오스 거리를 걷다 보면 대나무로 만든 자연 건조대 위에 동그랗고 얇은 무엇인가를 말리고 있는 모습을 종종 볼 수 있습니다. 이 자연 건조대는 보통 야채와 고기를 싸서 먹는 라이스페이퍼를 건조하는 용도로 사용하지만, 간식거리를 위해서 찹쌀밥을 얇고 동그랗게 펴서 건조하거나 바나나 등을 얇게 썰어 놓기도 하는 등 활용도가 매우 높습니다.

• 신선한 과일 주스

라오스 거리에는 고온다습한 날씨로 신선한 열대 과일 주스를 판매하는 노점상들을 자주 볼 수 있습니다. 한국에서 자주 접할 수 없는 망고스틴, 라임, 두리안, 용과 등을 신선하고 저렴한 가격에 맛볼 수 있으므로 라오스를 여행한다면 꼭 맛보길 추천합니다.

• 이색 음식들

라오스에는 재미있는 이색 음식들도 있습니다. 코브라나 뱀을 술로 담근 다양한 뱀술부터 바퀴벌레, 새, 쥐, 번데기 등을 기름에 튀긴 고단백 튀김 음식들이 이에 해당합니다.

ລາຄາເທົ່າໃດ?

라카타̂오다̄이

얼마입니까?

주요 문법

- 숫자(기수사) · 단위 명사

| 회화 |

녹음을 듣고 회화문을 따라 읽으며 발음을 익혀 보세요. 🎧 09-1

ຄິມຈິນອູ 김진우	ເຄື່ອງຊຸດ ນີ້ ລາຄາ ເທົ່າໃດ? 크앙쑫 니 라카 타오다이
ແມ່ຄ້າ 매카	35000 ກີບ ເຈົ້າ. 쌈 씹 하 판 낍 짜오
ຄິມຈິນອູ 김진우	ແພງ ແທ້! ຫຼຸດ ໄດ້ ບໍ່? 팽 태 룯 다이 버
ແມ່ຄ້າ 매카	ຫຼຸດ ໃຫ້ ເຫຼືອ 25000 ກີບ. 룯 하이 르아 싸오하판 낍
ຄິມຈິນອູ 김진우	ຫຼຸດ ໃຫ້ ອີກ ແດ່. 룯 하이 익 대
ແມ່ຄ້າ 매카	ຫຼຸດ ໃຫ້ ອີກ ບໍ່ໄດ້ ແລ້ວ ເຈົ້າ. 룯 하이 익 버다이 래오 짜오
ຄິມຈິນອູ 김진우	ມີ ເບີ L ສີດຳ ບໍ່? 미 버 엘 씨담 버
ແມ່ຄ້າ 매카	ເຈົ້າ. ມີ. 짜오 미

김진우	이 옷은 한 벌에 얼마입니까?
상인	3만 5천 킵입니다.
김진우	너무 비싸네요! 깎아 줄 수 있나요?
상인	깎아서 2만 5천 킵으로 해 줄게요.
김진우	더 깎아 주세요.
상인	더 깎아 줄 수 없어요.
김진우	검은색 L 사이즈 있어요?
상인	네. 있어요.

🎧 09-2

ຊຸດ [쏟] 벌	ແທ້ [태] 진짜, 너무
ລາຄາ [라카] 가격	ເຫຼືອ [르아] 남다, 나머지
ເທົ່າໃດ [타오다이] 얼마	ບໍ່ໄດ້ [버다이] 불가능하다
ກີບ [낍] 킵 (라오스 화폐 단위)	ເບີ [버] 사이즈
ຫຼຸດ [룯] (가격) 내리다, 줄이다	ສີດຳ [씨담] 검은색

Ⓐ 숫자(기수사)

라오스어 숫자는 '아라비아 숫자'와 라오스 '고유 숫자(고어)'를 함께 사용합니다. 고유 숫자는 보통 '고문'에서 주로 사용됩니다.

● 일 단위

숫자	고어	기수사	읽기	숫자	고어	기수사	읽기
0	0	ສູນ	쑨	5	໕	ຫ້າ	하
1	໑	ໜຶ່ງ	능	6	໖	ຫົກ	혹
2	໒	ສອງ	썽	7	໗	ເຈັດ	쩻
3	໓	ສາມ	쌈	8	໘	ແປດ	뺃
4	໔	ສີ່	씨	9	໙	ເກົ້າ	까오

● 십 단위

(1) 십 단위 숫자는 10을 의미하는 ສິບ[씹]을 먼저 발음한 후, 다음 숫자를 발음합니다.
(2) 20은 'ຊາວ[싸오]'라고 합니다. 'ຊາວ[싸오]'를 먼저 읽은 후, 다음 숫자를 발음합니다.
(3) 십 단위 이상부터 끝이 1로 끝나는 경우 '1'은 'ໜຶ່ງ[능]'이 아닌 'ເອັດ[엗]'으로 발음합니다.

숫자	고어	기수사	읽기	숫자	고어	기수사	읽기
10	໑໐	ສິບ	씹	40	໔໐	ສີ່ສິບ	씨씹
11	໑໑	ສິບເອັດ	씹엗	50	໕໐	ຫ້າສິບ	하씹
20	໒໐	ຊາວ	싸오	60	໖໐	ຫົກສິບ	혹씹
21	໒໑	ຊາວເອັດ	싸오엗	70	໗໐	ເຈັດສິບ	쩻씹
22	໒໒	ຊາວສອງ	싸오썽	80	໘໐	ແປດສິບ	뺃씹
30	໓໐	ສາມສິບ	쌈씹	90	໙໐	ເກົ້າສິບ	까오씹
33	໓	ສາມສິບສາມ	쌈씹쌈	99	໙໙	ເກົ້າສິບເກົ້າ	까오씹까오

● 백 단위

백 단위 숫자는 100을 의미하는 'ຮ້ອຍ[허이]'를 먼저 발음한 후, 다음 숫자를 발음합니다.

숫자	고어	기수사	읽기	숫자	고어	기수사	읽기
100	໑໐໐	ຮ້ອຍ	허이	519	໕໑໙	ຫ້າຮ້ອຍສິບເກົ້າ	하허이십까오
101	໑໐໑	ຮ້ອຍເອັດ	허이엩	720	໗໒໐	ເຈັດຮ້ອຍຊາວ	쩯허이싸오
211	໒໑໑	ສອງຮ້ອຍສິບເອັດ	썽허이십엩	999	໙໙໙	ເກົ້າຮ້ອຍເກົ້າສິບເກົ້າ	까오허이까오십까오

● 천 단위

천 단위 숫자는 1,000을 의미하는 'ພັນ[판]'을 먼저 발음한 후, 다음 숫자를 발음합니다.

쓰기		발음
1000	໑,໐໐໐	ພັນ[판]
1001	໑,໐໐໑	ໜຶ່ງພັນເອັດ[능판엩]
4756	໔,໗໕໖	ສີ່ພັນເຈັດຮ້ອຍຫ້າສິບຫົກ[씨판쩯허이하십혹]
7125	໗,໑໒໕	ເຈັດພັນໜຶ່ງຮ້ອຍຊາວຫ້າ[쩯판능허이싸오하]

● 만 단위

만 단위의 숫자는 10을 의미하는 'ສິບ[십]'을 먼저 읽은 후, 1,000을 의미하는 'ພັນ[판]'을 읽고 다음 숫자를 발음합니다.

쓰기		발음
10,000	໑໐,໐໐໐	ສິບພັນ[십판]
10,201	໑໐,໒໐໑	ສິບພັນສອງຮ້ອຍເອັດ[십판썽허이엩]
99,763	໙໙,໗໖໓	ເກົ້າສິບເກົ້າພັນເຈັດຮ້ອຍຫົກສິບສາມ [까오십까오판쩯허이혹십쌈]

● 십만 단위

십만 단위 숫자는 100,000을 의미하는 '**ແສນ**[쌘]'을 먼저 발음한 후, 다음 숫자를 발음합니다.

쓰기		발음
100,000	໑00,000	ແສນ [쌘]
300,000	໓00,000	ສາມແສນ [쌈쌘]
678,345	໖໗໘,໓໔໕	ຫົກແສນເຈັດສິບແປດພັນສາມຮ້ອຍສີ່ສິບຫ້າ [혹쌘쩯씹뺃판쌈허이씨씹하]

● 백만 단위

백만 단위 숫자는 1,000,000을 의미하는 '**ລ້ານ**[란]'을 먼저 발음한 후, 다음 숫자를 발음합니다.

쓰기		발음
1,000,000	໑,000,000	ລ້ານ [란]
5,000,000	໕,000,000	ຫ້າລ້ານ [하란]
7,157,265	໗,໑໕໗,໒໖໕	ເຈັດລ້ານໜຶ່ງແສນຫ້າສິບເຈັດພັນສອງຮ້ອຍຫົກສິບຫ້າ [쩯란능쌘하씹쩯판썽허이혹씹하]

ⓑ 단위 명사

명사의 '형태, 크기, 수량' 등을 확실히 하기 위한 명사를 말하며, '테이블 5개'에서 '개'를 '단위 명사'라고 합니다. 문장 내에서 단위 명사의 위치는 다음과 같습니다.

명사/형용사/수사 + 단위 명사 + 지시형용사

단위 명사	뜻	단위 명사	뜻
ອັນ [안]	개	ຄັນ [칸]	대, 개 (차량, 우산)
ຄົນ [콘]	명, 분 (사람)	ໜ່ວຍ [누와이]	개 (공, 과일)
ໂຕ [또]	마리	ເຄື່ອງ / ອັນ [크앙 / 안]	대 / 개 (사물)
ຊຸດ [쑷]	세트, 벌	ຫົວ [후와]	권
ຄູ່ [쿠]	짝	ແຜ່ນ [팬]	장 (종이)
ຕຸກ [뚝]	병	ດອກ [덕]	송이
ຈອກ [쩍]	잔	ໃບ [바이]	장 (표)
ຖ້ວຍ / ຈານ [투아이 / 짠]	그릇	ຫຼັງ [랑]	채, 동
ປ່ຽງ [삐앙]	조각	ເມັດ [멛]	알 (약)

ຂ້ອຍ ຊື້ ຂະໜົມ 3 ອັນ.
커이 쓰 카놈   쌈 안

나는 과자 3개를 샀다.

ນັກຮຽນ 4 ຄົນ ບໍ່ສະບາຍ.
낙히얀   씨 콘 버싸바이

학생 4명이 아프다.

ຂ້ອຍ ມີ ໝາ 4 ໂຕ.
커이   미 마 씨 또

난 강아지 4마리가 있다.

ລາວ ຈອງ ຊຸດແຕ່ງງານ 2 ຊຸດ.
라오 쩡   쑷땡응-안   썽 쑷

그녀는 웨딩드레스 2벌을 예약했다.

1. 〈보기〉와 같이 숫자를 라오스어로 적어 보세요.

| 보기 | 10   ▶   ສິບ

(1) 7   ▶ _____

(2) 26   ▶ _____

(3) 349   ▶ _____

(4) 1058   ▶ _____

(5) 5763   ▶ _____

2. 빈칸에 알맞은 단위 명사를 〈보기〉에서 찾아 보세요.

| 보기 | ຄັນ   ໂຕ   ຫົວ   ຕຸກ

(1) 난 자동차 1대가 있다.

▶ ຂ້ອຍມີລົດ1_____.

(2) 오렌지 주스 2병 주세요.

▶ ເອົານ້ຳໝາກກ້ຽງ 2_____.

(3) 어머니가 책 3권을 사셨다.

▶ ແມ່ຊື້ປຶ້ມ3_____.

3. 녹음에서 말하는 그림과 가격을 함께 적어 보세요.

🎧 09-3

(1) _____

(2) _____

(3) _____

(4) _____

①

②

③

④

단어 🎧 09-4 --

ລົດ [롣] 자동차   ນ້ຳໝາກກ້ຽງ [남막끼양] 오렌지 주스   ປຶ້ມ [쁨] 책   ຊຸດອາຫານເຊົ້າ [쑫아한싸오] 브런치 세트

ທົມກາສີ [톤까쓰] 돈가스   ໂຄລາ [코라] 콜라   ສະຫຼັດ [싸랃] 샐러드   ພິຊຊ່າ [피싸] 피자

●과일

ໝາກກ້ຽງນ້ອຍ [막끼양너이]

귤

ສົ້ມໂອ [쏨오]

자몽

ໝາກແຕງໂມ [막땡모]

수박

ໝາກຄາຍ [막카이]

복숭아

ໝາກກ້ຽງ [막끼양]

오렌지

ໝາກແຕງ [막땡]

멜론

ໝາກລະແຊ້ງ [막라쌩]

포도

ໝາກກ້ວຍ [막꾸와이]

바나나

●물품

ເສື້ອ [쓰아]

티셔츠

ຕັ່ງ [땅]

의자

ກະເປົາ [까빠오]

가방

ໂມງ [몽]

시계

ລົດຖີບ [롣팁]

자전거

ແວ່ນຕາ [왠따]

안경

ຄັນธ์ม [깐홈]

우산

ໂທລະສັບ [토라쌉]

핸드폰

• 라오스의 화폐 •

● 화폐 단위 : ₭ (Kip)

라오스의 화폐는 '킵(ກີບ)'이라고 부릅니다. 특이한 점은 라오스 내에서만 환전이 가능한 불환 화폐이므로, 달러를 가져가서 라오스 안에서 환전을 해야한다는 것입니다. 또한, 라오스에서는 동전을 사용하지 않고 지폐만을 사용합니다.

지폐는 총 8종으로, 500₭, 1천₭, 2천₭, 5천₭, 1만₭, 2만₭, 5만₭, 10만₭가 있습니다. 한화와의 환율은 시장, 시세 등에 따라 변동이 있지만 평균적으로 한화 1천원이 대략 7,500₭입니다.

라오스 지폐

ບົດທີ

10

ຈະພົບກັນຈັກໂມງ?

짜폼깐짝몽

몇 시에 만날까요?

주요 문법

- 시간 표현

ຄິມຈິນວູ
김진우
ຮາໂຫຼ! ຂ້ອຍ ແມ່ນ ຈິນວູ ເດິ.
하로　　커이　　맨　　찐우　　더

ຫຼ້າ
라
ສະບາຍດີ, ຈິນວູ. ວ່າ ແນວໃດ?
싸바이디　　찐우　　와　내오다이

ຄິມຈິນວູ
김진우
ມື້ນີ້ ທ້າ ມີເວລາ ໄປ ເບິ່ງ ຫນັງ ນຳກັນ ບໍ່?
므니　타　미외라　빠이　벙　낭　남깐　버

ຫຼ້າ
라
ໂດຍ, ດີໆ. ຈະ ພົບກັນ ຈັກ ໂມງ?
도이　디-디　짜　폽깐　　짝　몽

ຄິມຈິນວູ
김진우
ບ່າຍ 2 ໂມງ ຢູ່ ຫນ້າ ປະຕູໄຂ ມາ ໄດ້ ບໍ່?
바이　쌩　몽　유　나　빠뚜싸이　마　다이　버

ຫຼ້າ
라
ໄດ້. ເຈິ ກັນ ຕອນ ບ່າຍ 2 ໂມງ ເດິ.
다이　쩌　깐　떤　바이　쌩　몽　더

ຄິມຈິນວູ
김진우
ໂດຍ. ຈະ ໄປ ກ່ອນ 2 ໂມງ ເດິ.
도이　　짜　빠이　껀　쌩　몽　더

114　　The 바른 라오스어 첫걸음

김진우	여보세요! 진우입니다.
라	안녕하세요, 진우 씨. 무슨 일이세요?
김진우	오늘 시간 있으면 같이 영화 볼까요?
라	네, 좋아요. 몇 시에 만날까요?
김진우	빠뚜싸이 앞에서 오후 2시에 어떠세요?
라	가능해요. 오후 2시에 만나요.
김진우	네. 2시 전까지 갈게요.

🎧 10-2

ຮາໂຫຼ [하로] 여보세요	ພົບກັນ [폼깐] 만나다
ແມ່ນ [맨] ~이다	ໂມງ [몽] 시, 시간
ມື້ນີ້ [므니] 오늘	ໜ້າ [나] 앞에, 얼굴
ມີ [미] 있다	ບ່າຍ [바이] 오후
ເວລາ [외라] 시간	ປະຕູໄຊ [빠뚜싸이] 빠뚜싸이 (비엔티안에 있는 독립 기념탑)
ເບິ່ງ ໜັງ [벙 낭] 영화 보다	ໄດ້ ບໍ່ [다이바] 가능할까요?
ນຳກັນ [남깐] 같이	ເຈິ ກັນ [쩌 깐] 보다, 만나다
ຈະ [짜] ~을 (미래형)	ຕອນ [떤] ~쯤, 그때 (정확하지 않을 때 사용)

Ⓐ 시간 표현

● 시간대별 표현

의미	라오스어	의미	라오스어
시	ໂມງ [몽]	30분/반(절반)	ເຄິ່ງ [컹]
시간	ຊົ່ວໂມງ [쑤와몽]	지금	ຕອນນີ້ [떤니]

라오스어에서 '오전, 오후, 저녁' 등의 시간적인 때를 나타내는 표현은 숫자 '앞'과 '뒤'에 모두 위치할 수 있습니다.

의미	라오스어	예시	
오전 (오전 4시~10시까지)	ຕອນເຊົ້າ [떤싸오]	7ໂມງ ຕອນເຊົ້າ [쩻몽떤싸오] ຕອນເຊົ້າ 7ໂມງ [떤싸오쩻몽]	오전 7시
오전 (11시)	ຕອນສວາຍ [떤쑤와이]	11ໂມງ ຕອນສວາຍ [씹엣몽떤쑤와이] ຕອນສວາຍ 11ໂມງ [떤쑤와이씹엣몽]	오전 11시
정오 (낮 12시)	ຕອນທ່ຽງ [떤티양]	12ໂມງ ຕອນທ່ຽງ [씹썽몽떤티양] ຕອນທ່ຽງ 12ໂມງ [떤티양씹썽몽]	정오, 12시 정각
	ຕອນກາງເວັນ [떤깡왠]	12ໂມງ ຕອນກາງເວັນ [씹썽몽떤깡왠] ຕອນກາງເວັນ 12ໂມງ [떤깡왠씹썽몽]	낮 12시
오후 (오후 1시~3시까지)	ຕອນສວາຍ [떤쑤와이]	2ໂມງ ຕອນສວາຍ [썽몽떤쑤와이] ຕອນສວາຍ 2ໂມງ [떤쑤와이썽몽]	오후 2시
	ຕອນບ່າຍ [떤바이]	3ໂມງ ຕອນບ່າຍ [쌈몽떤바이] ຕອນບ່າຍ 3ໂມງ [떤바이쌈몽]	오후 3시

저녁 (오후 4시~7시까지)	ຕອນແລງ [떤랭]	6ໂມງ ຕອນແລງ [혹몽떤랭] ຕອນແລງ 6ໂມງ [떤랭혹몽]	저녁 6시
밤 (저녁 8시~11시까지)	ຕອນຄ່ຳ [떤캄]	9ໂມງ ຕອນຄ່ຳ [까오몽떤캄] ຕອນຄ່ຳ 9ໂມງ [떤캄까오몽]	밤 9시
자정 (밤 12시)	ຕອນທ່ຽງຄືນ [떤티양크]	12ໂມງ ຕອນທ່ຽງຄືນ [씹썽몽떤티양크] ຕອນທ່ຽງຄືນ 12ໂມງ [떤티양크씹썽몽]	자정 12시
	ຕອນກາງຄືນ [떤깡크]	12ໂມງ ຕອນກາງຄືນ [씹썽몽떤깡크] ຕອນກາງຄືນ 12ໂມງ [떤깡크씹썽몽]	자정 12시
새벽 (오전 1시~3시까지)	ຕອນກາງຄືນ [떤깡크]	3ໂມງ ຕອນກາງຄືນ [쌈몽떤깡크] ຕອນກາງຄືນ 3ໂມງ [떤깡크쌈몽]	새벽 3시

ຊົ່ວໂມງ[쑤와몽]은 '1시간, 2시간…'의 시간을 표현할 때 사용하며, ເວລາ[외라]는 '1시, 2시 …'와 같이 시각을 말할 때 사용합니다.

지금 몇 시입니까?

ຕອນນີ້ ເວລາ ຈັກໂມງ? [떤니 외라 짝몽]

→ ຕອນນີ້ ເວລາ 11ໂມງ ຕອນສວາຍ. 지금은 오전 11시입니다.
  떤니   외라   씹엣몽   떤쑤와이

시간은 얼마나 걸립니까?

ຈະໃຊ້ເວລາຈັກ ຊົ່ວໂມງ? [짜싸이외라짝 쑤와몽]

→ ປະມານ 2ຊົ່ວໂມງ. 2시간 쯤입니다.
  빠만   썽쑤와몽

● '분' 표현법

라오스어에서 '분'은 '**ນາທີ**'[나티]라고 하며, 분을 나타내는 숫자 뒤에 위치합니다. 그리고 분을 나타내는 숫자 앞에는 '**ຍັງ**'[냥]과 '**ປາຍ**'[빠에]가 옵니다. 이때, 1~29분 앞에는 '**ປາຍ**'를 쓰고 30~59분 앞에는 '**ຍັງ**'을 사용합니다.

7시 28분 : **7(ເຈັດ)ໂມງ ປາຍ28ນາທີ** [쩯몽빠이싸오뺃나티]

7시 35분 : **8ໂມງຍັງ25ນາທີ** [뺃몽냥싸오하나티]

→ 1~29분 앞에 **ຍັງ** [냥]이 위치할 경우에는 예문과 같이 '25분 더 있으면 8시다'라는 의미로 표현되고, 시간은 '7시 35분'을 가리킵니다.

의미	라오스어	발음
오전 7시 5분	ຕອນເຊົ້າ ເຈັດໂມງປາຍຫ້ານາທີ	떤싸오 쩯몽빠이하나티
오전 8시 15분	ຕອນເຊົ້າ ແປດໂມງປາຍສິບຫ້ານາທີ	떤싸오 뺃몽빠이십하나티
오전 10시 25분	ຕອນເຊົ້າ ສິບໂມງປາຍຊາວຫ້ານາທີ	떤싸오 십몽빠이싸오하나티
오전 10시 30분	ຕອນເຊົ້າ ສິບໂມງເຄິ່ງ ຕອນເຊົ້າ ສິບໂມງສາມສິບນາທີ	떤싸오 십몽컹 떤싸오 십몽쌈십나티
오후 12시 35분	ຕອນກາງເວັນ ໜຶ່ງໂມງຍັງຊາວຫ້ານາທີ ຕອນທ່ຽງ ສາມສິບຫ້ານາທີ	떤깡왠 능몽냥싸오하나티 떤티양 쌈십하나티
오후 1시 45분	ຕອນບ່າຍ ສີ່ສິບຫ້ານາທີ ຕອນສວາຍ ສອງໂມງຍັງສິບຫ້ານາທີ	떤바이 씨십하나티 떤쑤와이 썽몽냥십하나티
오후 3시 55분	ຕອນບ່າຍ ສາມໂມງຫ້າສິບຫ້ານາທີ ຕອນແລງ ສີ່ໂມງຍັງຫ້ານາທີ	떤바이 쌈몽하십하나티 떤랭 씨몽냥하나티
밤 10시 30분	ຕອນຄ່ຳ ສິບໂມງເຄິ່ງ ຕອນຄ່ຳ ສິບໂມງສາມສິບນາທີ	떤캄 십몽컹 떤캄 십몽쌈십나티

● 시간과 관련된 표현

의미	라오스어	의미	라오스어
~부터 ~까지	ຕັ້ງແຕ່ ~ ຫາ ~ [땅때 ~ 하 ~]	~후에, 더	ອີກ [익]
전	ກ່ອນ [껀]	동안	ລະຫວ່າງ [라와앙]
이후	ຫຼັງ [랑]	~하는 동안	ຂະນະທີ່ [카나티]

ໜັງເລື່ອງນີ້ຈະເລີ່ມຕັ້ງແຕ່ຕອນແລງ 5 ໂມງຫາ 7 ໂມງ 45 ນາທີ.
낭   르앙   니 짜럼   땅때 떤랭   하 몽 하 쩻 몽 씨씹하나티
영화 상영 시간은 오후 5시부터 7시 45분까지입니다.

ກະລຸນາ ມາ ກ່ອນ ສິບສອງ ໂມງ ຕອນສວາຍ.
까루나'   마   껀   씹썽   몽   떤쑤와이
오후 12시 전까지 오세요.

ກະລຸນາ ມາ ຫຼັງ ບ່າຍ ສາມ ໂມງ.
까루나'   마   랑   바이   쌈   몽
오후 3시 이후에 오세요.

ອີກ ໜຶ່ງ ຊົ່ວ ໂມງ ຈະ ເລີ່ມ ອອກ ເດີນ ທາງ.
익   능   쑤와 몽   짜   럼   억   던   탕
1시간 후에 출발합니다.

ຂ້ອຍຖ້າ ລະຫວ່າງ 2 ຊົ່ວໂມງ.
커이타   라와앙   쌍 쑤와몽
나는 2시간 동안 기다렸다.

ຂະນະທີ່ ກຳລັງ ກິນເຂົ້າ ພໍ່ ເບິ່ງ ໂທລະພາບ.
카나티   깜랑   낀카오   퍼 벙   토라팝
아버지는 밥을 먹는 동안 텔레비전을 본다.

단어 🎧 10-3 --

ໜັງ [낭] 영화   ເລີ່ມ [럼] 상영하다   ກະລຸນາ [까루나] ~세요, 제발   ອອກເດີນທາງ [억던탕] 출발하다
ຖ້າ [타] 기다리다   ກິນເຂົ້າ [낀카오] 밥을 먹다   ພໍ່ [퍼] 아버지   ກໍ [꺼] ~도   ໂທລະພາບ [토라팝] 텔레비전

● 시간 익히기

표기	단어	뜻
1:00	ໜຶ່ງໂມງ ຕອນກາງຄືນ [능몽떤깡큰]	새벽 1시
2:00	ສອງໂມງ ຕອນກາງຄືນ [썽몽떤깡큰]	새벽 2시
3:00	ສາມໂມງ ຕອນກາງຄືນ [쌈몽떤깡큰]	새벽 3시
4:00	ສີ່ໂມງ ຕອນເຊົ້າ [씨몽떤싸오]	오전 4시
5:00	ຫ້າໂມງ ຕອນເຊົ້າ [하몽떤싸오]	오전 5시
6:00	ຫົກໂມງ ຕອນເຊົ້າ [혹몽떤싸오]	오전 6시
7:00	ເຈັດໂມງ ຕອນເຊົ້າ [쩯몽떤싸오]	오전 7시
8:00	ແປດໂມງ ຕອນເຊົ້າ [뺃몽떤싸오]	오전 8시
9:00	ເກົ້າໂມງ ຕອນເຊົ້າ [까오몽떤싸오]	오전 9시
10:00	ສິບໂມງ ຕອນເຊົ້າ [씹몽떤싸오]	오전 10시
11:00	ສິບເອັດໂມງ ຕອນສວາຍ [씹엗몽떤쑤와이]	오전 11시
12:00	ສິບສອງໂມງ ຕອນທ່ຽງ [씹썽몽떤티양] ສິບສອງໂມງ ຕອນກາງເວັນ [씹썽몽떤깡왠]	낮 12시
13:00	ຕອນບ່າຍໂມງ [떤바이몽]	오후 1시
14:00	ສອງໂມງ ຕອນບ່າຍ [썽몽떤바이]	오후 2시
15:00	ສາມໂມງ ຕອນບ່າຍ [쌈몽떤바이]	오후 3시

16:00	ສີ່ໂມງ ຕອນແລງ [씨몽떤랭]		저녁 4시
17:00	ຫ້າໂມງ ຕອນແລງ [하몽떤랭]		저녁 5시
18:00	ຫົກໂມງ ຕອນແລງ [혹몽떤랭]		저녁 6시
19:00	ເຈັດໂມງ ຕອນແລງ [쩻몽떤랭]		저녁 7시
20:00	ແປດໂມງ ຕອນຄ່ຳ [뺏몽떤캄]		밤 8시
21:00	ເກົ້າໂມງ ຕອນຄ່ຳ [까오몽떤캄]		밤 9시
22:00	ສິບໂມງ ຕອນຄ່ຳ [씹몽떤캄]		밤 10시
23:00	ສິບເອັດໂມງ ຕອນຄ່ຳ [씹엣몽떤캄]		밤 11시
24:00	ສິບສອງໂມງ ຕອນທ່ຽງຄືນ [씹썽몽떤티양큰] ສິບສອງໂມງ ຕອນກາງຄືນ [씹썽몽떤깡큰]		밤 12시

1. 〈보기〉와 같이 그림을 보고 시간을 적어 보세요.

오후

| 보기 |
A : ຕອນນີ້ເວລາຈັກໂມງ?
B : ເວລາ 2ໂມງ ຕອນບ່າຍ.

(1)

저녁

▶ _____

(2)

오전

▶ _____

(3)

저녁

▶ _____

(4)

저녁

▶ _____

(5)

밤

▶ _____

$2.$ 녹음을 듣고 시간을 적어 보세요.

🎧 10-4

(1)

_____

(2)

_____

(3)

_____

(4)

_____

(5)

_____

(6)

_____

단어 🎧 10-5 --

ສູນການຄ້າ [쑨깐카] 백화점　　ຮ້ານປຶ້ມ [한쁨] 서점　　ສູນອອກກຳລັງກາຍ [쑨억깜랑까이] 헬스장

ໄປສະນີ [빠이싸니] 우체국　　ຮ້ານເຂົ້າຈີ່ [한카오찌] 빵집　　ປະຊຸມ [빠쑴] 회의

ອາກາດມື້ນີ້

아깐므니

오늘의 날씨

주요 문법

- -

• 시제 • 날짜

ຄິມຈິນອູ
김진우
ມື້ນີ້ ວັນທີ ເທົ່າໃດ?
므니 완티 타오다이

ຫຼ້າ
라
ມື້ນີ້ ແມ່ນ ວັນພຸດ ທີ 5 ເດືອນ 8.
므니 맨 완풋 티 하 드안 뺃

ຄິມຈິນອູ
김진우
ມື້ນີ້ ອາກາດ ເປັນ ແນວໃດ?
므니 아깟 뻰 내오다이

ຫຼ້າ
라
ຮ້ອນ ຫຼາຍ ແຕ່ ມື້ແລງ ຝົນ ອາດ ຈະ ຕົກ.
헌 라이 때 므랭 폰 앋 짜 똑

ຄິມຈິນອູ
김진우
ຢູ່ ປະເຫດ ລາວ ມີ ຈັກ ລະດູ?
유 빠텟 라오 미 짝 라두

ຫຼ້າ
라
ຢູ່ ປະເຫດ ລາວ ມີ 2 ລະດູ.
유 빠텟 라오 미 썽 라두

ລະດູຝົນ ແລະ ລະດູແລ້ງ.
라두폰 래 라두랭

ຄິມຈິນອູ
김진우
ເອີ, ແມ່ນບໍ. ຂອບໃຈ.
어 맨버 컵짜이

김진우	오늘 며칠이에요?
라	오늘은 8월 5일 수요일이에요.
김진우	오늘의 날씨는 어떤가요?
라	많이 덥지만, 저녁에 비가 올 거예요.
김진우	라오스는 계절이 몇 개인가요?
라	두 계절이 있어요.
	우기와 건기가 있습니다.
김진우	네, 그렇군요. 감사합니다.

🎧 11-2

ມື້ນີ້ [므니] 오늘	ລະດູ [라두] 계절
ອາກາດ [아깓] 날씨	ລະດູຝົນ [라두폰] 우기
ຮ້ອນ [헌] 덥다	ລະດູແລ້ງ [라두랭] 건기
ມື້ແລງ [므랭] (오늘) 저녁	ວັນພຸດ [완풋] 수요일
ຕົກ [똑] 내리다	ເດືອນ [드안] 개월, 월, 달

Ⓐ 시제

라오스의 시제는 '현재·과거·미래 시제'로 구분되며, 시제를 나타내는 조동사에 의해 결정됩니다.

● 현재진행시제

현재진행시제를 나타내는 조동사는 문장 내에서 다음과 같이 위치합니다.

위치	현재 조동사 (~고 있다)	비가 내리고 있다
문장 끝	ຢູ່ [유]	ຝົນຕົກຢູ່ [폰 똑 유]
동사 앞	ກຳລັງ [깜랑]	ຝົນກຳລັງຕົກ [폰 깜랑 똑]
동사 앞___동사 뒤	ກຳລັງ___ຢູ່ [깜랑_유]	ຝົນກຳລັງຕົກຢູ່ [폰 깜랑 똑 유]

● 과거시제

과거시제를 나타내는 조동사는 문장 내에서 다음과 같이 위치합니다.

위치	과거 조동사 (~했다)	비가 내렸다
동사 앞	ໄດ້ [다이]	ຝົນໄດ້ຕົກ [폰 다이 똑]
문장 끝	ແລ້ວ [래오]	ຝົນຕົກແລ້ວ [폰 똑 래오]
동사 앞___문장 끝	ໄດ້___ແລ້ວ [다이_래오]	ຝົນໄດ້ຕົກແລ້ວ [폰 다이 똑 래오]

● 미래시제

미래시제를 나타내는 조동사는 문장 내에서 다음과 같이 위치합니다.

위치	미래 조동사 (~할 것이다)	비가 내릴 것이다
동사 앞	ຈະ [짜]	ຝົນຈະຕົກ [폰 짜 똑]
	ຊິ [씨]	ຝົນຊິຕົກ [폰 씨 똑]
	ກຳລັງຈະ [깜랑짜]	ຝົນກຳລັງຈະຕົກ [폰 깜랑 짜 똑]

B 날짜

● 월

* 라오스의 '월'은 그 명칭이 모두 다릅니다.
* 월 앞에 '달, 월'이라는 의미의 'ເດືອນ[드안]'을 붙이기도 합니다.

1월	ມັງກອນ [망껀]	7월	ກໍລະກົດ [꺼라꼳]
	ເດືອນໜຶ່ງ [드안능]		ເດືອນເຈັດ [드안쩯]
2월	ກຸມພາ [꿈파]	8월	ສິງຫາ [씽하]
	ເດືອນສອງ [드안썽]		ເດືອນແປດ [드안뻳]
3월	ມີນາ [미나]	9월	ກັນຍາ [깐냐]
	ເດືອນສາມ [드안쌈]		ເດືອນເກົ້າ [드안까오]
4월	ເມສາ [메싸]	10월	ຕຸລາ [뚜라]
	ເດືອນສີ່ [드안씨]		ເດືອນສິບ [드안씹]
5월	ພຶດສະພາ [픋싸파]	11월	ພະຈິກ [파찍]
	ເດືອນຫ້າ [드안하]		ເດືອນສິບເອັດ [드안씹엗]
6월	ມິຖຸນາ [미투나]	12월	ທັນວາ [탄와]
	ເດືອນຫົກ [드안혹]		ເດືອນສິບສອງ [드안씹썽]

ເດືອນ 5 ແມ່ນ ເດືອນ ເກີດ ຂອງ ຂ້ອຍ
드안 하 맨 드안 껃 컹 커이

= ພຶດສະພາ ແມ່ນ ເດືອນ ເກີດ ຂອງ ຂ້ອຍ
픋싸파 맨 드안 껃 컹 커이

5월은 내 생일이 있는 달입니다.

● 일

'ວັນທີ[완티]'는 'ວັນ(일)'과 'ທີ(접두사)'의 결합어로 '~번째 날'이라는 뜻입니다. ວັນທີ 뒤에 날짜를 붙이면 '~일'을 의미하는 날짜 표현이 됩니다.

ວັນທີ 20 : 20일   ວັນທີ 12 : 12일   ວັນທີ 5 : 5일

● 요일

월요일	ວັນຈັນ [완짠]	금요일	ວັນສຸກ [완쑥]
화요일	ວັນອັງຄານ [완앙칸]	토요일	ວັນເສົາ [완싸오]
수요일	ວັນພຸດ [완풋]	일요일	ວັນອາທິດ [완아틷]
목요일	ວັນພະຫັດ [완파핟]		

A: ມື້ນີ້ແມ່ນວັນຫຍັງ?   오늘은 무슨 요일입니까?
　　 므니　맨　완　냥

B: ມື້ນີ້ແມ່ນວັນອັງຄານ.   오늘은 화요일입니다.
　　 므니　맨　완앙칸

A: ມື້ນີ້ວັນທີເທົ່າໃດ?   오늘은 며칠입니까?
　　 므니　완티　타오　다이

B: ມື້ນີ້ວັນທີ28ເດືອນກຸມພາ.   오늘은 2월 28일입니다.
　　 므니　완티　싸오뻿 드안꿈파

(* ເດືອນກຸມພາ : 2월)

라오스의 날짜는 「요일 → 일(날짜) → 월 → 연도」 순으로 기입합니다.

요일	일	날짜	월	연도
ວັນເສົາ	ວັນທີ	20	ເດືອນພຶດສະພາ	ປີ2018
완싸오	완티	싸오	드안픁싸파	삐 썽 판 씹 뺄

● 기간

그저께	ມື້ກ່ອນ [므껀]	주	ອາທິດ [아틷]
어제	ມື້ວານ [므완]	주말	ມື້ພັກ / ວັນເສົາອາທິດ [므팍 / 완싸오아틷]
오늘	ມື້ນີ້ [므니]	이번 주	ອາທິດນີ້ [아틷니]
내일	ມື້ອື່ນ [므은]	이번 달	ເດືອນນີ້ [드안니]
내일 모레	ມື້ຮື [므흐]	지난 달	ເດືອນແລ້ວ / ເດືອນກ່ອນ [드안래오 / 드안껀]
하루 종일	ໝົດມື້ [몯므]	올해	ປີນີ້ [삐니]
매일	ທຸກມື້ [툭므]	작년	ປີກາຍ / ປີແລ້ວ [삐까이 / 삐래오]

ມື້ວານ ນີ້ ແມ່ນ ວັນອັງຄານ ແລະ ມື້ອື່ນ ແມ່ນ ວັນພະຫັດ.

므완 니 맨 완앙칸 래 므은 맨 완파핟

어제는 화요일이고 내일은 목요일입니다.

ອາທິດນີ້ ວັນທີ 15 ແມ່ນ ວັນອາທິດ.

아틷니 완티 씹하 맨 완아틷

이번 주 15일은 일요일입니다.

|연|습|문|제|

1. 내용을 읽고 맞으면 (O), 틀리면 (X) 표시를 하세요.

   (1) 현재 조동사 ຢູ່는 문장 끝에 위치 한다. ( )

   (2) 과거 조동사 ໄດ້는 동사 앞에 위치 한다. ( )

   (3) 과거 조동사 ແລ້ວ는 문장 앞에 위치 한다. ( )

   (4) 미래 조동사는 ຈະ가 있다. ( )

2. 〈보기〉에서 알맞은 '현재/과거/미래 시제'를 찾아 보세요.

|보기|	ກຳລັງຈະ	ໄດ້	ກຳລັງ	ຢູ່	ແລ້ວ	ຊິ

   (1) 현재시제 ▶ _____

   (2) 과거시제 ▶ _____

   (3) 미래시제 ▶ _____

3. 〈보기〉에서 맞는 단어를 찾아 보세요.

| 보기 | ວັນອັງຄານ   ວັນພະຫັດ   ວັນອາທິດ   ວັນສຸກ

(1) 목요일   ▶ _____

(2) 일요일   ▶ _____

(3) 금요일   ▶ _____

(4) 화요일   ▶ _____

4. 녹음을 듣고 알맞은 답을 찾아 보세요.   🎧 11-3

(1) _____

① ລະດູຝົນ   ② ວັນພະຫັດ

③ ທັນວາ   ④ ວັນທີ

(2) _____

① ວັນສຸກ   ② ເຄື່ອນເຈັດ

③ ມື້ນີ້   ④ ສົດໃສ

•단어 🎧 11-4 ··
ລະດູຝົນ [라두폰] 우기   ສົດໃສ [쏟싸이] 화창하다

● 계절

ລະດູໃບໄມ້ປົ່ງ
[라두바이마이뽕]
봄

ລະດູຮ້ອນ
[라두헌]
여름

ລະດູໃບໄມ້ຫຼົ່ນ
[라두바이마이론]
가을

ລະດູໜາວ
[라두나오]
겨울

ລະດູແລ້ງ
[라두랭]
건기

ລະດູຝົນ
[라두폰]
우기

● 취미

ແລ່ນອອກກຳລັງກາຍ [랜억깜랑까이]
조깅

ເທັນນິດ [텐닏]
테니스

ລອຍນ້ຳ [러이남]
수영

ປິງປ່ອງ [삥뻥]
탁구

ປີນພູ [삔푸]
등산

ສະກີ [싸끼]
스키

ສະເກັດບອດ [싸껟벋]
보드

라오스 탐방기

·라오스의 계절·

● 계절

건기(11~4월까지), 우기(5~10월까지)

● 날씨

라오스의 계절은 건기와 우기로 나뉩니다. 평균 기온은 28℃ 정도이며, 가장 기온이 높은 달은 4월로 평균 35℃까지도 올라가지만, 아침과 저녁에는 20℃까지 내려가서 시원합니다. 우기에 해당하는 5~10월은 스콜성 집중호우가 자주 내립니다. 11~4월까지는 건조한 건기입니다. 특히 12월과 1월은 비가 거의 내리지 않습니다. 겨울에 해당하는 12월의 평균 기온은 15℃ 정도입니다.

● 계절 별 다양한 관광지

탓루앙 축제(ບຸນທາດຫຼວງ)

건기에는 다양한 문화적인 행사를 해서 문화체험도 많이 할 수 있습니다. 대표적인 행사로는 매년 11월에 비엔티안에서 열리는 불교 축제인 '탓루앙 축제'와 2월에 열리는 '코끼리 축제'가 있습니다. 탓루앙 축제는 불교국가인 라오스인들이 손꼽는 가장 중요한 축제 중 하나입니다.

삐마이 물 축제(ບຸນປີໃໝ່)

우기에 가장 인기 있는 행사는 '물 축제'로 잘 알려진 라오스의 설날입니다. 4월 13~16일 중에 열리며, 뮤직 페스티벌과 함께 거리에서 무더위를 잊고 시원하게 즐길 수 있는 물 축제가 열립니다. 만약, 라오스의 가장 전통적인 설날 축제를 즐기고 싶다면 루앙프라방을 추천합니다.

ໄປໂຮງໝໍ

빠이홍머

병원 가기

주요 문법

- 명령문 • 청유문

ท่านทนำ — ສະບາຍດີ, ເຈົ້າ ເຈັບ ບ່ອນໃດ?
탄머 — 싸바이디 짜오 쩹 번다이

ຄິມຈິນອຸ — ຊ່ວຍ ຂ້ອຍ ແດ່. ຂ້ອຍ ເຈັບ ທ້ອງ ຫຼາຍ.
김진우 — 쑤와이 커이 대 커이 쩹 텅 라이

ท่านทนำ — ດຽວ ຂ້ອຍ ຈະ ກວດ ເບິ່ງ ເດີ.
탄머 — 디야오 커이 짜 꾸왇 벙 더

ຄິມຈິນອຸ — ມື້ຄືນວານ ນີ້ ຂ້ອຍ ກິນ ປາດິບ.
김진우 — 므큰완 니 커이 낀 빠딥

ท่านทนำ — ອາຫານ ເປັນ ພິດ. ອັນນີ້ ແມ່ນ ຢາ ຂອງ ເຈົ້າ.
탄머 — 아한 뻰 핃 안니 맨 야 컹 짜오

ຄິມຈິນອຸ — ຂ້ອຍ ຕ້ອງ ກິນ ແນວໃດ?
김진우 — 커이 떵 낀 내오다이

ท่านทนำ — ໃຫ້ ກິນ ຢາ ທຸກ ຄັ້ງ ຫຼັງ ອາຫານ ແລະ ຫ້າມ ກິນ
탄머 — 하이 낀 야 툭 캉 랑 아한 래 함 낀

ອາຫານເຜັດ ຫຼື ອາຫານມັນ.
아한펟 르 아한만

의사　　안녕하세요, 당신은 어디가 아픈가요?

김진우　저 좀 도와주세요. 배가 너무 아파요.

의사　　제가 검진 좀 해볼게요.

김진우　어젯밤에 저는 회를 먹었어요.

의사　　식중독이에요. 이것은 당신의 약입니다.

김진우　제가 어떻게 먹어야 돼요?

의사　　식사 후에 약을 드시고 매운 음식과 기름진 음식을 드시지 마세요.

🎧 12-2

ເຈັບ [쩹] 아프다	ເບິ່ງ [벙] 보다	ຄັ້ງ [캉] (매)번
ບ່ອນໃດ [번다이] 어디	ມື້ຄືນວານ [므큰완] 어젯밤	ຫຼັງ [랑] 후, 등, 뒤
ຊ່ວຍ [쑤와이] 도와 주다	ປາດິບ [빠딥] (생선) 회	ອາຫານ [아한] 음식
ທ້ອງ [텅] 배	ອາຫານເປັນພິດ [아한뻰핃] 식중독	ຫ້າມ [함] 금지
ດງວ [디아오] 좀	ຕ້ອງ [떵] ~야 되다	ອາຫານເຜັດ [아한펟] 매운 음식
ກວດ [꾸얻] 검진/검사하다	ທຸກ [툭] ~마다	ອາຫານມັນ [아한만] 기름진 음식

Ⓐ 명령문

명령문이란 듣는 이에게 어떤 일을 지시하거나 행동을 요구하는 문장으로써, 라오스어에는 '지시 명령문'과 '금지 명령문'이 있습니다.

● 지시 명령문

상대방에게 어떤 일을 시키거나 지시하는 문장입니다. 이 명령문은 '동사'가 문장의 맨 앞에 오거나, 문장 앞에 '~해라'라는 뜻의 'ໃຫ້[하이], ຈົ່ງ[쫑]'이 위치합니다. 또한 문장 끝에 명령, 요구, 요청 등을 나타내는 어조사인 'ເດີ້[데](~해라)', 'ແດ່[대](~해라, ~세요)'가 옵니다.

ໃຫ້ ກິນ ຢາ ນີ້ ມື້ ລະ 3 ເທື່ອ ເດີ້.
하이 낀 야 니 므 라 쌈 트아 더
이 약을 하루에 3번 먹어라.

ຈົ່ງ ອະທິບາຍ ສາເຫດ ແດ່.
쫑 아티바이 싸헫 대
이유를 설명해라.

● 금지 명령문

상대방에게 어떤 일을 하지 못하게 금지하는 문장입니다. 이 명령문은 동사 앞에 '~을 하지 말아라, 금지한다'는 뜻의 'ຢ່າ[야]' 또는 'ຫ້າມ[함]'이 옵니다.

ຢ່າ ເວົ້າ.
야 와오
말하지 말아라.

ຫ້າມ ຖິ້ມ ຂີ້ເຫຍື້ອ.
함 팀 키녀으아
쓰레기를 버리지 마시오.

B 청유문

● 요구

이야기를 하는 사람이 '원하는 것, 얻고 싶은 것, 갖고 싶은 것' 등을 요구할 때 사용하는 문장으로, '원하다, 바라다'의 뜻인 'ຕ້ອງການ[떵깐], ຢາກ[약]' 등이 있습니다.

(1) ຕ້ອງການ[떵깐] ~필요하다, ~원하다 : 동사/형용사/명사 앞에 위치 함

ຂ້ອຍ ຕ້ອງການ ຮຽນ ໜັງສື.　　　　저는 공부하기를 원합니다.
커이　　떵깐　　　　히얀　　낭쓰

(2) ຢາກ[약] ~하고 싶다, ~고 싶다 : 동사/형용사 앞에 위치 함

ໃຫຍ່ ຂຶ້ນ ຂ້ອຍ ຢາກ ເປັນ ໝໍ.　　　저는 자라서 의사가 되고 싶습니다.
냐이　　큰　　커이　약　뻰　　머

● 요청

상대방에게 어떤 일을 부탁하는 문장으로 '권유문, 허가문'을 포함합니다. 문장 맨 앞에 '~해주세요, 도와주세요'의 의미인 'ກະລຸນາ[까루나]', 'ຊ່[케]', 'ຊ່ວຍ[쑤와이]' 등이 옵니다. 그리고 권유, 부탁의 어조사인 'ແດ່[대]' 등이 문장 끝에 위치하기도 합니다.

ກະລຸນາ ປົດ ເກີບ.　　　　　　　신발을 벗으세요.
까루나　　뽇　껍

ຂໍ ນ້ຳໝາກກ້ຽງ ຈອກ ໜຶ່ງ.　　　오렌지 주스 한 잔 주세요.
커　남막끼양　　　　쩍　능

단어 🎧 12-3 --

ກິນຢາ [낀야] 약을 먹다　ອະທິບາຍ [아티바이] 설명하다　ສາເຫດ [싸헫] 이유　ຖີ້ມ [팀] 버리다
ເວົ້າ [와오] 말하다　ຂີ້ເຫຍື້ອ [키녀으아] 쓰레기　ໃຫຍ່ຂຶ້ນ [나이큰] 자라다, 크다 (성장하다)　ໝໍ [머] 의사
ປົດເກີບ [뽇껍] 신발을 벗다　ນ້ຳໝາກກ້ຽງ [남막끼양] 오렌지 주스

1. 내용을 읽고 맞으면 (O), 틀리면 (X) 표시를 하세요.

   (1) 요청문은 'ຊ່ວຍ'와 'ກະລຸນາ' 두 표현만 있다.   (   )

   (2) 'ຫ້າມ'은 금지 명령문이다.   (   )

   (3) 요구문 'ຢາກ'은 동사 앞에 위치한다.   (   )

   (4) 'ແດ່'와 'ເດີ້'는 지시명령문 문장의 끝에 위치한다.   (   )

2. 〈보기〉에서 알맞은 명령문(지시/금지), 청유문(요구/요청)을 찾아 보세요.

   | 보기 | ຊ່ວຍ   ຕ້ອງການ   ຢ່າ   ຈົ່ງ   ໃຫ້
 ກະລຸນາ   ຢາກ   ຫ້າມ   ຂໍ |

   (1) 지시 명령문   ▶ _____

   (2) 금지 명령문   ▶ _____

   (3) 요구 청유문   ▶ _____

   (4) 요청 청유문   ▶ _____

3. 문장에 알맞은 명령문과 청유문을 〈보기〉에서 찾아 보세요.

| 보기 |　ກະລຸນາ　　　　ຫ້າມ　　　　ຢ່າ　　　　ຢາກ

(1) 핸드폰을 꺼주세요.

▶ ＿＿＿＿＿＿ ປິດໂທລະສັບ.

(2) 차 안에서 음식을 먹지 마시오.

▶ ＿＿＿＿＿＿ ກິນອາຫານໃນລົດ.

(3) 그만하지 마시오. (멈추지 마시오.)

▶ ＿＿＿＿＿＿ ຢຸດ.

4. 녹음을 듣고 알맞은 답을 찾아 보세요.　🎧 12-4

(1) ＿＿＿＿＿＿＿＿＿＿＿＿＿

① 　② 　③ 　④

● 긴급 표현

도와주세요!	ຊ່ວຍແດ່! ^[쑤와이대]
도둑이야!	ໂຈນ! ^[쫀]
병원에 데려다주세요!	ຊ່ວຍພາໄປໂຮງໝໍແດ່! ^[쑤와이파이빠이홍머대]
약국이 어디인가요?	ຮ້ານຂາຍຢາຢູ່ໃສ? ^[한카이야유싸이]
경찰서가 어디인가요?	ຫ້ອງການຕຳຫຼວດຢູ່ໃສ? ^[헝깐땀루얻유싸이]
지갑을 잃어버렸어요.	ກະເປົາເງິນເສຍ. ^[까빠오응-언씨이야]

여권	ໜັງສືເດີນທາງ ^[낭쓰던탕] ປັດສະປ ^[빧싸뻐]	신용카드	ບັດເອທີເອັມ ^[받에티엠]
휴대폰	ໂທລະສັບມືຖື ^[토라쌉므트]	가방	ກະເປົາ ^[까빠오]
지급	ຈ່າຍ ^[짜이]	현금	ເງິນສົດ ^[응-언쏟]

● 요청하기

| 에어컨이 고장 났어요. | ແອເພ. ^[애페] |

문	ປະຕູ ^[빠뚜]	엘리베이터	ລິບ ^[립]
텔레비전	ໂທລະພາບ ^[토라팝] ທໍລະທັດ ^[터라탇]	열쇠	ກະແຈ ^[까째]

| 변기가 막혔어요. | ສ້ວມຕັນ. ^[쑤암딴] / ວິດຕັນ. ^[윋딴] |

욕조	ອ່າງອາບນ້ຳ ^[앙압남]	싱크대	ອ່າງລ້າງຖ້ວຍ ^[앙랑투아이]
세면대	ອ່າງລ້າງໜ້າ ^[앙랑나]	하수도	ທໍລະບາຍນ້ຳ ^[터라바이남]

| 바꿔 주세요. | ປ່ຽນໃຫ້ແດ່. ^[삐얀하이대] |

· 라오스의 긴급 전화 ·

라오스에는 라오스를 방문한 관광객들과 라오스에 체류하고 있는 외국인들이 겪는 어려움을 덜어주기 위한 긴급 전화 채널이 있습니다.

● 긴급 상황

라오스 관광 시, 긴급한 상황에 처했을 때 국번과 함께 021-251-128를 누르면 관광객 담당 경찰서에 바로 연결되어 문제를 해결할 수 있습니다. 이 서비스는 24시간 지속됩니다. 이와 같은 관광객 담당 경찰서는 비엔티안 수도에서만 전화가 가능합니다.

● 위급 상황

라오스 관광 시, 위급한 상황에 처했을 때 국번 없이 241162, 241163, 241164를 누르면 직접 정부의 각 부서로 연결되어 문제를 바로 해결할 수 있습니다. 이 서비스도 24시간 지속되며, 영어 서비스도 가능합니다. 정부 네트워크를 통해 관광객과 담당자가 바로 연결되므로 직접적이고 빠른 상담이 가능합니다.

Tip!

＊ 라오스 현지 긴급 상황 전화번호

경찰 : 1191	관광객 담당 경찰 : 1192
화재 : 1190	구급차 : 1195
전기 : 1199	사고 : 1623, 1624

ຂອງຂວັນອັນໃດດີ?

컹쿠완안다이디

어떤 선물이 좋을까요?

주요 문법

• 전치사

ຄິມຈິນອູ　ວັນຄິດສະມາດ ນີ້
김진우　　완킫싸맏　　　　니

ຂ້ຶ ຂອງຂວັນ ອັນໃດ ໃຫ້ ລາວ ຄ໌?
쓰　컹쿠완　　　안다이　하이　라오　디

ປ່າຕຶ້　ກະເປົາ ເດ່ ເປັນ ແນວໃດ?
빠띠　　까빠오　데　뻰　내오다이

ຄິມຈິນອູ　ຄວາມຄິດ ຄ໌! ໄປ ຂ້ຶ ນຳ ຂ້ອຍ ໄດ້ ບໍ່?
김진우　　쿠왐킫　디　빠이　쓰　남　커이　다이　버

ປ່າຕຶ້　ຄ໌ເລິຍ. ຂ້ອຍ ກຳ ຕ້ອງ ຂ້ຶ ຂອງຂວັນ
빠띠　　디러이　　커이　꺼　떵　쓰　컹쿠완

ຂອງ ເມຍ ຂ້ອຍ ພ້ອມ.
컹　　미야　커이　펌

ຄິມຈິນອູ　ເຮົາ ຢ່າງ ເບິ່ງ ສູນການຄ້າ
김진우　　하오　냥　벙　쑨깐카

ຈາກ ຊັ້ນ1 ຫາ ຊັ້ນ5 ເບິ່ງບໍ່?
짝　　싼능　하　싼하　벙버

ປ່າຕຶ້　ໂດຍ. ໄປ!
빠띠　　도이　빠이!

김진우   이번 크리스마스에 그녀에게 어떤 선물이 좋을까요?

빠띠   가방 어때요?

김진우   좋은 생각이에요! 같이 사러 가줄 수 있어요?

빠띠   좋아요. 나도 아내의 선물을 사야겠어요.

김진우   백화점 1층부터 5층까지 가 볼까요?

빠띠   네. 갑시다!

🎧 13-2

ວັນຄຶດສະມາດ [완킫싸맏] 크리스마스	ຄວາມຄຶດ ດີ [쿠왐킫 디] 좋은 생각이다
ຂອງຂວັນ [컹쿠완] 선물	ນຳ [남] 같이
ອັນໃດ [안다이] 어떤	ເມຍ [미아] 아내
ໃຫ້ [하이] ~에게	ຢ່າງ ເບິ່ງ [냥 벙] 가 보다
ດີ [디] 좋다	ຊັ້ນ [싼] 층

A 전치사

단어와 문장 간의 관계를 나타내는 전치사는 명사, 대명사, 동사, 형용사 등의 앞에 놓여 문장 내에서 '소유·관계·증여·시간·장소' 등의 의미를 나타냅니다.

● 소유 전치사

ຂອງ [컹] ~의	ແຫ່ງ [행] ~의 (국가 수준 또는 도시 수준)

ເກີບ ຂອງ ເຈົ້າ ຢູ່ ໃນ ລົດ.
껍 컹 짜오 유 나이 롣

당신의 신발은 자동차 안에 있다.

ມະຫາວິທະຍາໄລ ແຫ່ງ ຊາດ.
마하위타냐라이 행 쌋

국립대학교

● 관계 전치사

ເຫັນແກ່ [헨깨] ~에게만	ຕໍ່ [떠] ~대해서	ກັບ [깝] ~와, ~와 함께

ລາວ ເຫັນແກ່ ໂຕ.
라오 헨깨 또

그녀는 자기(에게)만 생각한다.

ຄວາມຄິດຮອດ ຕໍ່ ພໍ່ແມ່.
쿠왐킫헏 떠 퍼매

부모님에 대해서 생각해 본다.

ລາວ ໄປ ກັບ ອ້າຍ ຂອງ ລາວ.
라오 빠이 깝 아이 컹 라오

그녀는 오빠와 함께 갔다.

● 증여 전치사

ໃຫ້ [하이] ~에게	ສຳລັບ [쌈랍] ~용의, ~을 위한

ເອົາ ປີ້ຍົນ ໃຫ້ ນ້ອງຊາຍ ແລ້ວ.
아오 삐뇬 하이 넝싸이 래오

남동생에게 비행기 표를 주었다.

ຊື້ ປຶ້ມ ສຳລັບ ອາຈານ.
쓰 쁨 쌈랍 아짠

선생님을 위한 책을 샀다.

● 시간 전치사

ຕັ້ງແຕ່ [땅때] ~부터   ເຖິງ [텅] ~까지   ຈົນຮອດ [쫀헏] ~하기까지
ເມື່ອ [므아] ~때

ລາວ ຈະ ພັກຜ່ອນ ຕັ້ງແຕ່ ບ່າຍ 2 ເຖິງ 3 ໂມງ.
라오 짜 팍펀 땅때 바이 썽 텅 쌈 몽

그는 오후 2시부터 3시까지 쉴 것이다.

ແມ່ ໄປ ຊື້ເຄື່ອງ ຈົນ ຮອດ ຮ້ານ ປິດ.
매 빠이 쓰크앙 쫀 헏 한 삗

어머니는 가게를 닫기까지 쇼핑을 합니다.

ລາວ ຂຽນ ບັນທຶກຊີວິດ ເມື່ອ ຕອນ ນອນ.
라오 키얀 반특씨윋 므아 떤 넌

그는 잠잘때 일기를 쓴다.

● 장소 전치사

ຢູ່ [유] ~에, ~에서   ໃນ [나이] ~에서, 안   ຈາກ [짝] ~부터, ~에서

ຂ້ອຍ ນັ່ງ ຢູ່ ຫ້ອງການ.
커이 낭 유 헝깐

나는 사무실에 있다.

ລາວ ດື່ມ ນ້ຳ ໃນ ຫ້ອງຄົວ.
라오 듬 남 나이 헝쿠와

그는 부엌(안)에서 물을 마시고 있다.

ນ້ອງ ຮຽນຈົບ ມາ ຈາກ ຕ່າງປະເທດ.
넝 히얀쫍 마 짝 땅빠텓

동생은 외국에서 학업을 졸업했다.

단어 🎧 13-3 --

ມະຫາວິທະຍາໄລ [마하위타나라이] 대학교   ຄວາມຄິດຮອດ [쿠왐킫헏] 그리움   ປີ້ຍົນ [삐뇬] 비행기 표
ພັກຜ່ອນ [팍펀] 쉬다   ຊື້ເຄື່ອງ [쓰크앙] 쇼핑하다   ບັນທຶກຊີວິດ [반특씨윋] 일기   ຫ້ອງການ [헝깐] 사무실
ດື່ມນ້ຳ [듬남] 물을 마시다   ຮຽນຈົບ [히얀쫍] 졸업하다   ຕ່າງປະເທດ [땅빠텓] 외국

1. 〈보기〉에서 알맞은 전치사의 종류를 구분해 보세요.

보기	ແຫ່ງ	ຕໍ່	ສຳລັບ	ຕັ້ງແຕ່	ຈາກ
	ໃນ	ໃຫ້	ເທັບແກ່	ຂອງ	ເຖິງ

(1) 소유 전치사 ▶ _____

(2) 관계 전치사 ▶ _____

(3) 증여 전치사 ▶ _____

(4) 시간 전치사 ▶ _____

(5) 장소 전치사 ▶ _____

2. 그림을 보고 맞는 기념일을 찾아 연결해 보세요.

(1)

•   • ⓐ ວັນເດັກນ້ອຍ

(2)

•   • ⓑ ວັນແຫ່ງຄວາມຮັກ

(3)

•   • ⓒ ວັນຄູ

3. 녹음을 듣고 알맞은 답을 찾아 보세요. 🎧 13-4

(1) _____

① B1   ② 1F

③ 2F   ④ 3F

(2) _____

① 4F   ② 5F

③ B1   ④ 1F

・단어・ 🎧 13-5 ---

ວັນແຫ່ງຄວາມຮັກ [완행쿠왐학] 발렌타인데이   ວັນເດັກນ້ອຍ [완덱너이] 어린이날   ວັນຄຣູ [완쿠] 스승의 날
ບ່ອນຈອດລົດ [번쩟롣] 주차장   ຮ້ານອາຫານ [한아한] 식당

● 감탄사

감탄사는 주로 문장의 앞에 놓이며 감탄사 뒤에는 느낌표(!)를 넣습니다.

ຫ້ວຍ [후와이]	이런!, 어머!	화남 또는 의아함을 표현하는 감탄사
화남	ຫ້ວຍ! ຈະມາກໍ່ບໍ່ບອກ. [후와이! 짜마꺼버벅] 이런! 올 거면서 말도 안 하고.	
ປ່າໂທ້ [빠토]	엇!, 오!, 맙소사!	놀람을 표현하는 감탄사
놀람	ປ່າໂທ້! ມັນໃຫຍ່ແທ້. [빠토, 만냐이태] 오! 정말 크다.	
ຕ໊າຍ [따이]	저런!, 아!	불쌍함으로 표현하는 감탄사
불쌍함, 위로	ຕ໊າຍ! ເປັນຕາຂີ້ຕົນ. [따이, 뻰따이똔] 저런! 정말 불쌍하다.	
ເອີ [어]	응!, 그래!	동의를 표현하는 감탄사
동의	ເອີ! ເຂົ້າໃຈແລ້ວ. [어! 카오짜이래오] 응! 이해했어.	
ເອີ [어]	앗!, 아이고!, 으아!	고통과 아픔을 표현하는 감탄사
아픔	ເອີ! ເຈັບ. [어! 쩹] 앗! 정말 아프다.	
ໂອ [오]	휴!, 아!, 아아!	후련함과 탄식을 표현하는 감탄사
후련함	ໂອ! ໄດແດ່. [오! 카이대] 휴! 다행이다.	
ໄຊໂຍ [싸이뇨]	만세!	즐거움을 표현하는 감탄사
즐거움	ໄຊໂຍ! ຊະນະແລ້ວ. [싸이뇨! 싸나래오] 만세! 이겼다.	
ປັ້ງ [삐양]	콰광!	[의성어] 벼락이 떨어지는 소리
의성어	ຟ້າຜ່າດັງ... ປັ້ງ! [파파당… 삐양] 번개가 크게 친다… 콰광!	

·라오스의 쇼핑 리스트·

라오스를 방문하는 여행객들에게 인기 있는 쇼핑 목록입니다.
라오스어 명칭을 알아봅시다.

라오스 커피

ກາເຟດາວ [까페라오]

과일 칩

ໝາກໄມ້ແຫ້ງ [막마이행]

바나나 카스텔라

ເຄັກໝາກກ້ວຍ [켁막꾸와이]

라오스 맥주

ເບຍລາວ [비야라오]

모링가

ມ່ລິງກ່າ [머링까]

라오스 양주

ເຫລົ້າລຳ [라오람]

ເອົາປີ້ໜັງໃຫ້ແດ່.

아오삐낭하이대

영화표 주세요.

주요 문법

- -

• 복합어

ຄິມຈິນອູ 김진우	ເອົາ ປີ້ຫັງ ສະບາຍດີ ຫຼວງພະບາງ ໃຫ້ແດ່. 아오　삐낭　싸바이디　루왕파방　하이대
ພະນັກງານ 파낙응-안	ຕ້ອງການ ຮອບ ຕອນ ຈັກ ໂມງ? 떵깐　　훕　떤　짝　몽
ຄິມຈິນອູ 김진우	ເອົາ ຕອນ 2 ໂມງ ຈຳນວນ 2 ໃບ. 아오　떤　썽　몽　쨤누완　썽　바이
ພະນັກງານ 파낙응-안	ກະລຸນາ ເລືອກ ບ່ອນນັ່ງ. 까루나　르악　번낭
ຄິມຈິນອູ 김진우	ເອົາ ແຖວ ເຄິ່ງກາງ. 아오　태오　컹깡
ພະນັກງານ 파낙응-안	ເຈົ້າ. 짜오

김진우   [싸바이디 루왕파방] 영화표를 주세요.

직원   몇 시 편을 원합니까?

김진우   2시 편이고 2장 주세요.

직원   자리를 선택하세요.

김진우   중간 자리를 주세요.

직원   네.

🎧 14-2

ປີ້ໜັງ [삐낭] 영화표	ເລືອກ [르억] 선택하다
ຮອບ [홉] 편, 주, 둘레	ບ່ອນນັ່ງ [번낭] 자리
ຈຳນວນ [짬누완] 수량, 분량	ແຖວ [태오] 줄
ໃບ [바이] 장 (표)	ເຄິ່ງກາງ [컹깡] 중간

Ⓐ 복합어

라오스어는 어휘가 많지 않기 때문에 2개 이상의 단어를 결합해서 사용하는 경우가 많습니다. 또한, 어휘의 위치에 따라서 단어의 의미도 달라지므로 복합어의 성질과 용법을 정확히 알아야 합니다.

● 복합어의 정의

복합어는 2개 이상의 단어가 합쳐진 단어로 원래 단어와 비슷한 의미를 가지거나 새로운 의미로 바뀌기도 합니다.

ນ້ຳ 물 + ໃຈ 심장, 마음 → ນ້ຳໃຈ [남짜이] 심성

ດີ 좋다 + ໃຈ 심장, 마음 → ດີໃຈ [디짜이] 기쁘다

2개 이상의 단어가 합쳐져도 원래 단어에서 의미의 변화가 없을 때는 복합어라고 하지 않습니다. 예를 들면, 다음과 같은 경우는 복합어가 아닙니다.

ໃຈ 심장, 마음 + ດີ 좋다 → ໃຈດີ [짜이디] 마음이 좋다. 착하다

ໂທດ 죄 + ຫນັກ 무겁다, 엄중하다 → ໂທດຫນັກ [톤낙] 중죄

● 복합어의 특징

(1) 2개 이상의 단어가 결합한 단어로 새로운 뜻을 지니지만, 원래 뜻이 남아 있기도 합니다.

ແມ່ 아버지의 아내 + ຕູ້ 아버지의 어머니 = ແມ່ຕູ້ [매뚜] 장모, 할머니

(2) 구성 단어를 분리할 수 있고, 분리된 단어는 각각의 의미를 지닙니다. 이 단어들이 합쳐지면 그 의미가 원래의 의미에서 변화합니다.

ຕາ 눈 + ຮັກ 사랑하다 = ຕາຮັກ [따학] 귀엽다

(3) 보통 「순수 라오스어 + 순수 라오스어」가 결합되지만, 「순수 라오스어 + 외래어」가 결합되기
도 합니다.

결합어	라오스어	의미
순수 라오스어 + 산스크리트어	ເຂັມທິດ [켐틷]	나침반, 컴퍼스
영어 + 순수 라오스어	ໂປແກຼມຮຽນ [뽀깨램히얀]	공부 프로그램
산스크리트어 + 순수 라오스어	ອາຫານເຊົ້າ [아한싸오]	아침 식사
라오스어 + 영어	ຫ້ອງໄອຊິຍ [헝아이씨유]	응급실

(4) 포괄적 의미의 단어가 특정 접두사와 결합하여 구체적 의미의 복합어가 되기도 합니다.

접두사	의미	예시
ນາຍ [나이]	주인, 장관, 수령	ນາຍຄູ 교사 ນາຍທະຫານ 군 장교 ນາຍທຶນ 자본가
ຫໍ [허]	장소, 관	ຫໍສະໝຸດ 도서관 ຫໍພັກ 기숙사 ຫໍພິພິຕະພັນ 박물관
ນັກ [낙]	전문가	ນັກຮ້ອງ 가수 ນັກທຸລະກິດ 사업가 ນັກຮຽນ 학생
ໂຮງ [홍]	건물	ໂຮງຮຽນ 학교 ໂຮງໝໍ 병원 ໂຮງແຮມ 호텔
ໝໍ [머]	의사, 전문가	ໝໍດູ 점쟁이 ໝໍນວດ 안마사 ໝໍຜີ 주술사, 마법사
ການ [깐]	일, 용무	ການເມືອງ 정치 ການຜ່າຕັດ 수술 ການທູດ 외교
ຄວາມ [쿠왐]	추상명사	ຄວາມຈິງ 진실 ຄວາມດີ 선 ຄວາມຊົ່ວ 악 ຄວາມສຸກ 행복 ຄວາມທຸກ 고통
ຊາວ [싸오]	같은 인종, 종교, 거주지 사람	ຊາວນາ 농민 ຊາວເມືອງ 시민 ຊາວພຸດ 불교 신자
ຊ່າງ [쌍]	기술자	ຊ່າງກໍ່ສ້າງ 건축기사 ຊ່າງຖ່າຍຮູບ 사진사 ຊ່າງໄມ້ 목수
ຜູ້ [푸]	사람	ຜູ້ໃຫຍ່ 성인 ຜູ້ຍິງ 여자 ຜູ້ຊາຍ 남자
ເຄື່ອງ [크엉]	물건, 기계	ເຄື່ອງຫຼິ້ນ 장난감 ເຄື່ອງໝາຍ 기호 ເຄື່ອງຈັກ 기계
ບ່ອນ [번]	토지, 장소	ບ່ອນທ່ຽວ 유원지 ບ່ອນຈອດລົດ 주차장

1. 그림을 보고 알맞은 〈접두사〉를 찾아 연결해 보세요.

(1)

•

• ⓐ ຜູ້

(2)

•

• ⓑ ເຄື່ອງ

(3)

•

• ⓒ ໂຮງ

2. 빈칸에 들어갈 〈접두사〉를 보기에서 골라보세요.

| 보기 | ນັກ ໜ້ຳ ໝໍ ຊ່າງ

(1) 가수 : _____ ຮ້ອງ

(2) 안마사 : _____ ນວດ

(3) 도서관 : _____ ສະໝຸດ

(4) 목수 : _____ ໄມ້

3. 내용을 읽고 맞으면 (O), 틀리면 (X) 표시를 하세요.

(1) 2개 이상의 단어가 합쳐지고, 단어의 의미에 변화가 없을 때 '복합어'라고 한다. (   )

(2) ໃຈດີ는 복합어로 볼 수 있다.   (   )

(3) 접두사와 결합하여 구체적 의미의 복합어가 되기도 한다.   (   )

(4) ຕາຮັກ는 복합어이다.   (   )

4. 녹음을 듣고 알맞은 답을 찾아 보세요.   🎧 14-3

(1) _____

① ກິນເຂົ້າ   ② ໄປແລ້ວ

③ ສະບາຍດີຫຼວງພະບາງ   ④ ຄວາມສຸກ

(2) _____

① ມື້ອື່ນ   ② 2ໃບ

③ ຂອບໃຈ.   ④ ເມື່ອໃດ

ກິນເຂົ້າ [낀카오] 밥을 먹다   ໄປແລ້ວ [빠이래오] 갔다   ຄວາມສຸກ [쿠암쑥] 행복   ມື້ອື່ນ [므은] 내일

●몸 / 신체

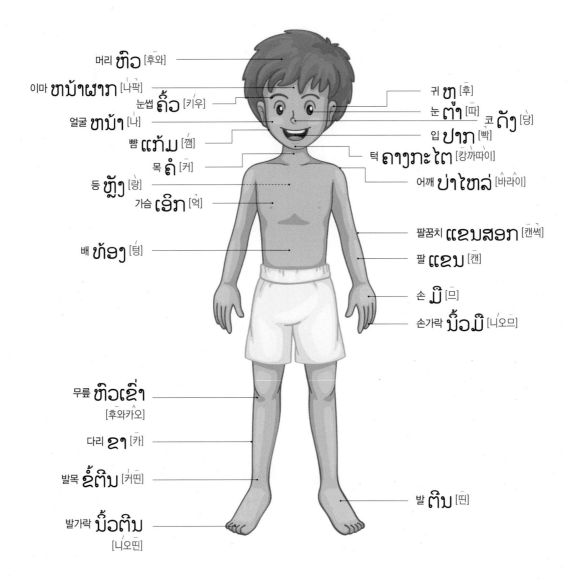

머리 ຫົວ [후와]

이마 ໜ້າຜາກ [나팍]

눈썹 ຄິ້ວ [키우]

얼굴 ໜ້າ [나]

뺨 ແກ້ມ [깸]

목 ຄໍ [커]

등 ຫຼັງ [랑]

가슴 ເອິກ [억]

배 ທ້ອງ [텅]

귀 ຫູ [후]

눈 ຕາ [따]

코 ດັງ [당]

입 ປາກ [빡]

턱 ຄາງກະໄຕ [캉까따이]

어깨 ບ່າໄຫລ່ [바라이]

팔꿈치 ແຂນສອກ [캔썩]

팔 ແຂນ [캔]

손 ມື [므]

손가락 ນິ້ວມື [니오므]

무릎 ຫົວເຂົ່າ [후와카오]

다리 ຂາ [카]

발목 ຂໍ້ຕີນ [커띤]

발가락 ນິ້ວຕີນ [니오띤]

발 ຕີນ [띤]

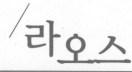

• 라오스 여행 시 주의사항 •

라오스의 수도 비엔티안 및 각 도에는 종합병원이 있어서 간단한 응급처치 등은 받을 수 있으나, 의료시설이 열악하여 정밀검사, 수술 등을 받기는 어렵습니다. 현지 약국에는 라오스 자체 생산 약품 외에 프랑스, 태국, 중국 등지에서 수입된 약품들이 구비되어 있으며, 일반적인 감기약, 진통제, 소화제, 알레르기약 등은 처방전 없이 구매가 가능하지만, 되도록 자신이 평소 복용하던 비상약을 미리 휴대하는 것이 좋습니다.

특히, 뎅기열과 말라리아를 예방하기 위해 모기에 물리지 않도록 주의하고 여행 전에 예방 접종을 꼭 하고 출국하는 것이 좋습니다.

- 기생충 감염과 장티푸스 발병 위험이 있으므로 날 음식을 먹지 않는다.
- 생수 또는 끓인 물을 마시는 것이 안전하다.
- 장기간 체류 시, 구충제를 복용하는 것이 좋다.

● 응급 상황 발생 시

• 비엔티안시 구조대 : 1623, 1624, 1625, 1628
• 사완나켓주 구조대 : 020-2828-5454
• 방비엥 군립병원 : 023-511-019 / 020-5562-3256
• 루앙프라방주 주립병원 : 020-2864-1240 / 020-2864-1248 /
　　　　　　　　　　　030-200-9379

위 번호를 누르고 위치(큰 건물이나 유명한 곳을 언급)와 상황을 설명하면 됩니다. 라오스어를 못 할 경우에는 주변 현지인에게 도움을 요청하는 것이 좋습니다.

ການສຳພາດ

깐쌈판

면접 보기

주요 문법

- -

• 동사

ຜູ້ສຳພາດ 푸쌈팓	ປົກກະຕິ ວັນເສົາອາທິດ ຕື່ນ ຈັກ ໂມງ? 뽁까띠　완싸오아틷　뜬　짝　몽
ຄິມຈິນອູ 김진우	ວັນເສົາອາທິດ ປົກກະຕິ ຕື່ນ ປະມານ 10ໂມງ. 완싸오아틷　뽁까띠　뜬　빠만　씹몽

ຕື່ນແລ້ວ, ກໍ ໄປ ອອກກຳລັງກາຍ ເພື່ອ ສຸຂະພາບ.
뜬　래오,　꺼　빠이　억깜랑까이　프아　쑤카팝

ຜູ້ສຳພາດ 푸쌈팓	ເລີ່ມ ຮຽນ ພາສາລາວ ຕັ້ງແຕ່ ຕອນ ໃດ? 럼　히얀　파싸라오　땅때　떤　다이
ຄິມຈິນອູ 김진우	ໄດ້ 1ປີແລ້ວ. ຕອນ ນີ້ກໍກຳລັງ ຮຽນ ຕໍ່ ຢູ່. 다이　능 삐 래오　떤　니 꺼 깜랑　히얀　떠　유
ຜູ້ສຳພາດ 푸쌈팓	ເປັນ ຄົນ ຈິງຈັງ ເນາະ. 뻰　콘　찡짱　너

면접관	주말에 보통 몇 시에 일어납니까?
김진우	주말에는 보통 10시쯤 일어납니다.
	일어나면, 건강을 위해 운동을 하러 갑니다.
면접관	라오스어를 언제부터 공부했나요?
김진우	1년 정도 됐습니다. 지금도 계속 공부하는 중입니다.
면접관	성실하군요.

🎧 15-2

ປົກກະຕິ [뽁까띠] 보통	ສຸຂະພາບ [쑤카팝] 건강하다
ຕື່ນ [뜬] 일어나다	ເລີ່ມ ຮຽນ [럼 히안] 공부하기 시작하다
ຈັກ ໂມງ [짝 몽] 몇 시	ພາສາລາວ [파싸라오] 라오스어
ປະມານ [빠만] 쯤	ຕັ້ງແຕ່ [땅때] ~부터
ອອກກຳລັງກາຍ [억깜랑까이] 운동하다	ຈິງຈັງ [찡짱] 성실하다

Ⓐ 동사

● 동사의 역할

(1) '주어의 상태'를 나타냅니다.

ລຸງ ໄປ ອອກກຳລັງກາຍແຕ່ເຊົ້າ.

룽   빠이 억깜랑까이   때 싸오

삼촌은 아침부터 운동하러 간다.

→ 동사인 'ໄປ(가다)'는 주어 'ລຸງ(삼촌)'의 상태를 나타냅니다.

(2) 앞에 놓인 '명사의 의미'를 보충합니다.

ແມ່ ໄປ ຕະຫຼາດ ເພື່ອ ຊື້ ປືນສີດນ້ຳ.

매   빠이 따랏   프아 쓰 쁜씻남

어머니가 물총을 사러 시장에 갔다.

→ 동사인 'ສີດນ້ຳ(물을 분사하다)'은 앞에 놓인 명사 'ປືນ(총)'의 의미를 보충합니다.

(3) 명사처럼 '주어, 목적어의 역할'을 합니다.

ກິນເຊົ້າຕາມ ເວລາ ເຮັດ ໃຫ້ ແຂງແຮງ.

낀   카오 땀 외라   헫   하이 캥행

제시간에 밥을 먹는 것은 건강하게 만든다.

→ 동사 'ກິນເຊົ້າຕາມເວລາ(제시간에 밥을 먹다)'가 '주어'의 역할을 합니다.

● 동사의 종류

(1) 자동사

문장 뒤에 목적어가 없어도 뜻이 완전한 동사입니다.

ແມ່ຂຽນ 어머니가 쓴다

[매키얀]

ອ້າຍກິນ 오빠는 먹는다

[아이낀]

ພໍ່ແລ່ນ 아버지는 달린다

[퍼랜]

(2) 타동사

동작의 대상인 '목적어'를 필요로 하는 동사입니다.

ປ້າ ອອກ ໄປ ນອກ. [빠 억 빠이 넉] 고모는 밖에 나갔다.

→ 'ນອກ(밖에)'은 목적어, 'ອອກໄປ(나가다)'는 동사입니다.

(3) 연계동사

단독으로는 뜻이 없으며 '명사, 대명사, 수식어' 등이 보어로서 뒤에서 보충해 주어야 역할을 할 수 있는 동사입니다.

ເອື້ອຍເປັນດາລາ. [으아이 뻰 다라] 언니는 배우이다.

→ 동사는 'ເປັນ(~이다)'이며 'ດາລາ(배우)'는 보어입니다.

(4) 조동사

본동사를 도와 의미를 명확하게 해주는 동사로 문장 내에서 없어도 의미 전달이 가능합니다. 주로 '주어 뒤', '동사 앞'에 위치합니다.

조동사	의미	예시
ຄົ່ງຈະ [크짜]	아마도 (~할 것이다. ~일 것이다)	ນ້ອງຄົ່ງຈະ ນອນ ແລ້ວ. 동생은 아마도 잠을 잤을 것 같다. [넝 크짜 넌 래오]
ຕ້ອງ [떵]	~해야만 한다 [강제]	ເຈົ້າຕ້ອງ ກິນ. [짜오 떵 낀] 당신은 먹어야만 한다.
ຖືກ [특]	~당하다	ຫຼານສາວ ຖືກ ໝາ ກັດ. 손녀는 개에게 물렸다. [란싸오 특 마 깐]
ເຄີຍ [커이]	~한 적이 있다. ~한 경험이 있다	ຂ້ອຍເຄີຍ ໄປຫຼື້ນ ປະເທດລາວ. [커이 커이 빠이 린 빠 텓 라오] 나는 라오스에 간 적이 있다.
ກຳລັງ [깜랑]	~하는 중이다	ແມ່ຕູ້ ກຳລັງ ມາ. [매뚜 깜랑 마] 할머니는 오고 있는 중이다.
ຄວນ [쿠완]	~해야만 한다 [충고]	ເຈົ້າຄວນ ໄປງານດອງແຕ່ເຊົ້າ. [짜오 쿠완 빠이 응-안덩 때 싸오] 당신은 아침부터 결혼식에 가야만 한다.
ອາດຈະ [앋짜]	아마 ~일지도 모른다. 아마 ~일 수도 있다	ມື້ນີ້ ຝົນ ອາດຈະ ຕົກ. 오늘 아마 비가 내릴지도 모른다. [므니 폰 앋 짜 똑] ລາວອາດຈະ ເວົ້າ ຖືກ. 그녀의 말이 아마 맞을 수도 있다. [라오 앋 짜 와오 특]

단어 🎧 15-3

ລຸງ [룽] 삼촌   ຕະຫຼາດ [따랃] 시장   ປືນສີດນ້ຳ [쁜씯남] 물총   ຕາມເວລາ [땀외라] 제시간   ແຂງແຮງ [캥행] 건강하다
ຂຽນ [키얀] 쓰다   ແລ່ນ [랜] 달리다   ອອກ [억] 나가다   ດາລາ [다라] 배우   ກັດ [깐] 물다   ຫຼື້ນ [린] 놀다
ງານດອງ [응-안덩] 결혼식

1. 조동사의 올바른 뜻을 찾아 연결해 보세요.

(1) ກຳລັງ   •   • ⓐ 아마도 (~일 것이다)

(2) ຄວນ   •   • ⓑ 당하다

(3) ຖືກ   •   • ⓒ ~하는 중이다

(4) ຄົງຈະ   •   • ⓓ ~해야만 한다 [충고]

2. 〈보기〉와 같이 알맞은 조동사로 빈칸을 채워 문장을 완성해 보세요.

| 보기 | ເຄີຍ   ຄົງຈະ   ຕ້ອງ   ຖືກ

(1) 그는 간 적이 있다.

▸ ລາວ _____ ໄປແລ້ວ.

(2) 당신은 먹어야만 한다.

▸ ເຈົ້າ _____ ກິນ.

(3) 어머니가 아마도 시장을 갈 것이다.

▸ ແມ່ _____ ໄປຕະຫຼາດ.

3. 내용을 읽고 맞으면 (O), 틀리면 (X) 표시를 하세요.

(1) 동사는 명사처럼 '주어, 목적어의 역할'을 한다. ( )

(2) ເຄີຍ는 '자동사'이다. ( )

(3) 문장에 '목적어'가 없는 경우는 '자동사'로 볼 수 있다. ( )

(4) 조동사 ເຄີຍ는 '동사 앞'에 위치한다. ( )

4. 녹음을 듣고 알맞은 답을 찾아 보세요. 🎧 15-4

(1) _____

① 7ໂມງ ② 8ໂມງ

③ 9ໂມງ ④ 10ໂມງ

(2) _____

① 1ປີ ② 2ປີ

③ 3ປີ ④ 4ປີ

단어 🎧 15-5 ┄┄┄

ແມ່ [매] 어머니   ໄປຕະຫຼາດ [빠이따랃] 시장에 가다   ປົກກະຕິ [뽁까띠] 보통   ຮຽນ [히안] 공부하다
ພາສາລາວ [파싸라오] 라오스어

● 하루 일과

ຕື່ນນອນ [똔넌]

일어나다

ລ້າງໜ້າ [랑나]

세수하다

ຖູແຂ້ວ [투캐오]

이를 닦다

ກິນອາຫານ ເຊົ້າ/ສວາຍ
[낀아한 싸오/쑤와이]

아침/점심 식사를 하다

ເຮັດວຽກ [헫위악]

일하다

ອ່ານປຶ້ມ [안쁨]

책을 읽다

ພົບໝູ່ເພື່ອນ [폽무프안]

친구를 만나다

ອາບນ້ຳ [압남]

목욕하다

ນອນ [넌]

잠자다

라오스인들과 함께 일한 경험이 있는 외국인들은 라오스인들의 특징에 대해 다음과 같은 느낌을 받았다고 합니다.

● 타인에 대한 배려심이 많다.

업무에 관해 토론할 때 서로 의견이 일치하지 않거나 스스로 손해를 보는 경우가 있더라도 갈등을 빚는 것을 꺼려 해서 반대하지 않는 경향이 있습니다.

● 잘 묻지 않는다.

말해야 할 사항들을 말하지 않거나 다른 사람에게 잘 물어보지 않습니다. 회의나 세미나를 할 때도 문제를 명확하게 하려고 질문을 하지 않고 회의가 끝난 후 동료들끼리 질문을 하곤 합니다.

● 일 처리에 있어서 여유가 있다.

느긋한 라오스인들은 때에 따라 업무를 처리하는 데 있어서 업무시간을 넘기거나 시간이 끝나기 바로 전에 끝내곤 합니다.

● 좋은 것만 말한다.

관리자에게 나쁜 일에 대해서 말하지 않습니다. 주로 좋은 소식이나 위험성이 적은 방법을 찾아서 말합니다.

● 변화를 좋아하지 않는다.

기존의 방식에 대한 변화나 새로운 방식에 적응하는 데 오랜 시간이 걸리며 대부분은 익숙한 기존의 방법을 유지하려고 합니다.

ບົດຝຶກຫັດ

부록

연습문제 정답

✿ ບົດທີ 01

1.

(1) ⓒ   (2) ⓐ   (3) ⓓ   (4) ⓑ

(1) ສະບາຍດີ. 안녕하세요.

(2) ຍິນດີທີ່ໄດ້ຮູ້ຈັກ.

만나게 돼서 반갑습니다.

(3) ຂໍໂທດ. 실례합니다.

(4) ຂອບໃຈ. 감사합니다.

2.

(1) ເຈົ້າຊື່ຫຍັງ?

(2) ຂ້ອຍຊື່ຄິມຈິນອູ.

(3) ສະບາຍດີ.

3.

(1) ✕   (2) ◯   (3) ✕   (4) ◯

4. 🎧 01-4

(1) ເຈົ້າຊື່ຫຍັງ? 당신의 이름은 무엇입니까?

(2) ຍິນດີທີ່ໄດ້ຮູ້ຈັກ. 만나게 돼서 반갑습니다.

(1) ②

① ບໍ່ແມ່ນ. 아닙니다.

② ສະບາຍດີ. ຂ້ອຍຊື່ຫຼ້າ.

안녕하세요. 제 이름은 라입니다.

③ ຂອບໃຈ. 고마워.

④ ເຈົ້າງາມ. 당신은 예쁘다.

(2) ④

① ບໍ່ແມ່ນ. 아닙니다.

② ເຈົ້າ, ບໍ່ເປັນຫຍັງ. 네. 괜찮습니다.

③ ຂ້ອຍຊື່ຫຼ້າ. 제 이름은 라입니다.

④ ຂ້ອຍ ກໍ ຍິນດີ ເຊັ່ນກັນ.

저도 만나게 돼서 기쁩니다.

✿ ບົດທີ 02

1.

(1) ⓒ   (2) ⓑ   (3) ⓐ

ⓐ ລາວ ເປັນ ຄົນຝຣັ່ງ. 그는 프랑스인입니다.

ⓑ ລາວ ເປັນ ຄົນຣັດເຊຍ. 그는 러시아인입니다.

ⓒ ລາວ ເປັນ ຄົນຈິນ. 그는 중국인입니다.

2.

(1) ຂ້ອຍເປັນຄົນເກົາຫຼີ.

저는 한국인입니다.

(2) ຂ້ອຍບໍ່ແມ່ນນັກຮຽນ.

저는 학생이 아닙니다.

(3) ພາສາລາວບໍ່ງ່າຍ.

라오스어는 쉽지 않습니다.

3.

(1) ◯   (2) ◯   (3) ◯   (4) ✕

4. 🎧 02-4

(1) ຂ້ອຍເປັນທ່ານໝໍ.
나는 의사입니다.

(2) ຂ້ອຍເປັນຄົນເກົາຫລີ.
나는 한국인입니다.

(3) ຂ້ອຍເປັນແມ່ບ້ານ.
나는 주부입니다.

(4) ຂ້ອຍແມ່ນຄົນອິຕາລີ.
나는 이탈리아인입니다.

(1) ◯   (2) ✕   (3) ◯   (4) ◯

✿ ບົດທີ 03

1.

(1) ລູກຊາຍເຮັດວຽກບ້ານຫລືຍັງ.
(2) ມີນີ້ຄືວັນເກີດຂອງລາວຫວາ.
(3) ລາວເປັນແຟນກັບເຈົ້າແມ່ນບໍ່.

2.

(1) ⓑ   (2) ⓓ   (3) ⓒ   (4) ⓐ

(1) ເຈົ້າກິນເຂົ້ານຳກັນບໍ່?
(당신은) 함께 식사하겠습니까?

(2) ເຈົ້າມາທ່ຽວແມ່ນບໍ່?
당신은 놀러 온 것이 맞습니까?

(3) ເຈົ້າຈະຊື້ກະເປົານີ້ທວາ?
이 가방을 정말 살 겁니까?

(4) ເຈົ້າຕ້ອງກິນຢາບໍ່ແມ່ນທວາ?
당신은 약을 먹어야 합니까 아닙니까?

3.

(1) ◯   (2) ✕   (3) ◯   (4) ✕

4. 🎧 03-4

(1) ເຈົ້າມາທ່ຽວແມ່ນບໍ່?
당신은 놀러 온 것이 맞습니까?

(2) ເຈົ້າມາຢູ່ຈັກມື້?
당신은 며칠 정도 있을 겁니까?

(1) ②

① ນີ້ແມ່ນສໍ. 이것은 연필입니다.

② ແມ່ນ, ຂ້ອຍມາທ່ຽວ.
네, 저는 놀러 왔습니다.

③ ຂອບໃຈ. 고마워.

④ ລາວແມ່ນຫມູ່ຂ້ອຍ.
그는 내 친구입니다.

(2) ④

① **ສະບາຍດີ.** 안녕하세요.

② **ເຈົ້າ, ບໍ່ເປັນຫຍັງ.** 네. 괜찮습니다.

③ **ຂ້ອຍພັກຢູ່ວັງວຽງ.**
방비엥에서 묵을 겁니다.

④ **4 ມື້.** 4일입니다.

ບົດທີ 04

1.

(1) **ຄົນນັ້ນພາຂ້ອຍມາໂຮງໝໍ.**
그 사람이 나를 병원으로 데려 왔습니다.

(2) **ນີ້ແມ່ນເສື້ອຂອງໃຜ?**
이 셔츠는 누구의 것입니까?

(3) **ລົດຄັນນັ້ນຂອງຂ້ອຍ**
저 차는 제 것입니다.

(4) **ແມວນັ້ນໜ້າຮັກ.**
그 고양이는 사랑스럽습니다.

2.

(1) ⓒ   (2) ⓐ   (3) ⓑ

(4) ⓕ   (5) ⓓ   (6) ⓔ

(1) **ອັນນັ້ນແມ່ນໂນດບຸກຂອງຫຼ້າ.**
그것은 라의 노트북이다.

→ ⓒ **ອັນນັ້ນ** 그것 (사물)

(2) **ອັນນີ້ແມ່ນກະເປົາຂອງລາວ.**
이것은 그의 가방이다.

→ ⓐ **ອັນນີ້** 이것 (사물)

(3) **ລາວຄືນນັ້ນຢູ່ບ່ອນນີ້.** 그녀가 이곳에 있다.

→ ⓑ **ບ່ອນນີ້** 이곳 (장소)

(4) **ແມ່ຢູ່ບ່ອນຜຸ້ນ.** 엄마가 저곳에 계신다.

→ ⓕ **ບ່ອນຜຸ້ນ** 저곳 (장소)

(5) **ລົດຈັກຢູ່ບ່ອນນັ້ນ.** 오토바이가 그곳에 있다.

→ ⓓ **ບ່ອນນັ້ນ** 그곳 (장소)

(6) **ອັນຜຸ້ນແມ່ນໂທລະສັບ.** 저것은 핸드폰이다.

→ ⓔ **ອັນຜຸ້ນ** 저것 (사물)

3.

(1) ◯   (2) ◯   (3) ✕

4. 🎧 04-4

(1) **ອັນນີ້ແມ່ນໂທລະສັບຂອງຂ້ອຍ.**
이것은 내 핸드폰입니다.

(2) **ອັນນັ້ນແມ່ນແຮມເບີເກີ.**
그것은 햄버거입니다.

(1) ③   (2) ④

1.

(1) ⓑ　　(2) ⓐ　　(3) ⓒ

ⓐ ບ່ອນໃດ 어디

ⓑ ຫຍັງ 무엇

ⓒ ເມື່ອໃດ 언제

2.

(1) ເປັນຫຍັງລາວບໍ່ມາ?

(2) ບ່ອນນີ້ໄປແນວໃດ?

(3) ໃຜເປັນຄົນຮັກເຂົ້າຜັດ?

(4) ອັນນີ້ລາຄາເທົ່າໃດ?

3.

(1) ○　　　(2) ✕　　　(3) ✕　　　(4) ○

4. 🎧 05-3

(1) ເສົາອາທິດຂ້ອຍຫຼິ້ນກິຕ້າ.

나는 주말에 기타를 칩니다.

(1) ③

1.

(1) ໂຕແມວຢູ່ທາງຫນ້າຕັ່ງ.

고양이는 의자 앞쪽에 있습니다.

(2) ໂຕແມວຢູ່ທາງຫຼັງຕັ່ງ.

고양이는 의자 뒷쪽에 있습니다.

(3) ກະເປົາຢູ່ເທິງຕັ່ງ.

가방은 의자 위에 있습니다.

(4) ກະຕ່າຍຢູ່ທາງຂວາຂອງກ່ອງ.

토끼는 상자 오른쪽에 있습니다.

2. 🎧 06-3

(1) ຢູ່ເທິງໂຕະມີກະຕ່າຍ.

테이블 앞에 토끼가 있습니다.

(2) ກະຕ່າຍຢູ່ໃນກ່ອງ.

상자 안에 토끼가 있습니다.

(3) ບໍ່ມີໃຜຢູ່ໃນຫ້ອງຮຽນ.

아무도 없습니다.

(4) ຂ້ອຍຢູ່ໃນສວນສາທາລະນະ.

나는 공원 앞에 있습니다.

(5) ກ່ອງຢູ່ລຸ່ມໂຕະຮຽນຫັງສື.

상자는 책상 아래에 있습니다.

(6) ຖັງຂີ້ເຫຍື້ອຢູ່ຂ້າງໂທລະພາບ.

쓰레기통은 TV 옆에 있습니다.

(1) ✕　　　(2) ○　　　(3) ○

(4) ✕　　　(5) ○　　　(6) ✕

🌸 ບົດທີ 07

1.

순접 접속사 : ແລ້ວກໍ / ແລະ / ກັບ

역접 접속사 : ແຕ່ / ແຕ່ວ່າ

2.

(1) ຂ້ອຍຢາກໄປກິນເຂົ້າກັບເຈົ້າ.

(2) ລາວຮ້ອນແລ້ວກໍບວມ.

(3) ຂ້ອຍຢາກຊື້ໂສ້ງໂตນີ້ແຕ່ວ່າບໍ່
ມີເງິນ.

(4) ເຖິງລາວຈະເຕ້ຍກໍຮັກລາວ.

3.

(1) ◯   (2) ✕   (3) ✕

4. 🎧 07-4

(1) A: ຕ້ອງການຫຍັງຕື່ມອີກບໍ່?

더 필요한 것이 있나요?

　B: ເອົາເຂົ້າໜຽວ. 찹쌀 주세요.

(2) A: ຮັບເຄື່ອງດື່ມຫຍັງບໍ່?

음료수는 어떤 것으로 드릴까요?

　B: ເອົານ້ຳດື່ມ2ຕຸກ.

생수 2병 주세요.

(1) ③   (2) ②

🌸 ບົດທີ 08

1.

인과 접속사 : ເພາະ ~ ຈຶ່ງ / ດັ່ງນັ້ນ / ຈຶ່ງ

대등 접속사 : ຫຼື / ບໍ່ກໍ

2.

(1) ລາວງາມຈຶ່ງມີຊື່ສຽງ.

(2) ຂ້ອຍເຈັບທ້ອງ.
ເພາະສະນັ້ນຈຶ່ງຕ້ອງກິນຢາ.

(3) ເພາະຂ້ອຍກິນເກ່ງຂ້ອຍຈຶ່ງຕຸ້ຍ.

(4) ໝາຢູ່ໜ້າບ້ານບໍ່ກໍຫຼັງບ້ານ.

3. 🎧 08-4

(1) ເອົານົມ ແລະ ເຄັກຄາສຶເຕລາ ໃຫ້ແດ່.

우유와 카스텔라 주세요.

(2) ເອົາຊາຂຽວ 3 ຈອກຂະໜົມມາກະລອງ
5ອັນໃຫ້ແດ່.

녹차 3잔, 마카롱 5개 주세요.

(3) ເອົາກາເຟຈອກໜຶ່ງໃຫ້ແດ່.

커피 한 잔 주세요.

(4) ເອົາກາເຟ 2ຈອກເຄັກຊນຶ່ງປ່ຽງໃຫ້ແດ່.

커피 2잔, 케이크 한 조각 주세요.

(5) ເອົານ້ຳໝາກໄມ້ 3ຈອກໂດນັດ
4ອັນໃຫ້ແດ່.

주스 3잔, 도넛 4개 주세요.

(6) ເອົາຊາດຳ 2ຈອກ, ຄຸກກີ 4ອັນໃຫ້ແດ່.

홍차 2잔, 쿠키 4개 주세요.

(1) ②   (2) ⑤   (3) ①

(4) ③   (5) ⑥   (6) ④

✿ ບົດທີ 09

1.

(1) 7 → ເຈັດ

(2) 26 → ຊາວຫົກ

(3) 349 → ສາມຮ້ອຍສີ່ສິບເກົ້າ

(4) 1058 → ໜຶ່ງພັນຫ້າສິບແປດ

(5) 5763 → ຫ້າພັນເຈັດຮ້ອຍຫົກສິບສາມ

2.

(1) ຂ້ອຍມີລົດ1ຄັນ.

(2) ເອົານ້ຳຫມາກກ້ຽງ2ຈອກ.

(3) ແມ່ຊື້ປື້ມ3ຫົວ.

3. 🎧 09-3

(1) ຊຸດອາຫານເຊົ້າກັບກາເຟ
ລາຄາສາມສິບແປດພັນກີບ.
브런치와 커피 한 잔은 38,000 킵이다.

(2) ຫົມກາສີກັບໂຄລາໜຶ່ງຈອກ
ລາຄາຊາວເກົ້າພັນກີບ.
돈가스와 콜라 1병은 29,000 킵이다.

(3) ສະຫລັດໜຶ່ງຈານ
ລາຄາສິບຫ້າພັນກີບ.
샐러드는 1접시에 15,000 킵이다.

(4) ພິຊຊ່າໜຶ່ງປ່ຽງເກົ້າພັນກີບ.
피자는 한 조각에 9,000 킵이다.

(1) ③, 38000 ກີບ   (2) ④, 29000 ກີບ

(3) ①, 15000 ກີບ   (4) ②, 9000 ກີບ

✿ ບົດທີ 10

1.

> 〈보기〉
> A : 지금 몇 시입니까?
> B : 오후 2시입니다.

(1) ເວລາ 5ໂມງຕອນແລງ.
저녁 5시입니다

(2) ເວລາ 6ໂມງປາຍ 5ນາທີຕອນເຊົ້າ.
오전 6시 5분입니다.

(3) ເວລາ 4ໂມງເຄິ່ງຕອນແລງ.
저녁 4시 30분입니다.

(4) ເວລາ 7ໂມງຕອນແລງ.
저녁 7시입니다.

(5) ເວລາ 10ໂມງປາຍ 20ນາທີຕອນຄ່ຳ.
밤 10시 20분입니다.

연습문제 정답

2. 🎧 10-4

(1) ສູນການຄ້າເປີດຕັ້ງແຕ່
9ໂມງຕອນເຊົ້າຫາ 8ໂມງຕອນຄ່ຳ.
백화점은 아침 9시부터 저녁 8시까지이다.

(2) ຮ້ານປຶ້ມເປີດ 8ໂມງຕອນເຊົ້າ.
서점은 오전 8시에 오픈한다.

(3) ສະໂມສອນກໍາລັງກາຍເປີດຮອດ
11ໂມງຕອນຄ່ຳ.
헬스장은 밤 11시까지 한다.

(4) ໄປສະນີເປີດ 5ໂມງຕອນແລງ.
우체국은 오후 5시에 닫는다.

(5) ຮ້ານເຂົ້າຈີ່ເລີ່ມແຕ່ 7ໂມງຕອນເຊົ້າ.
빵집은 오전 7시부터 영업한다.

(6) ການປະຊຸມໃຊ້ເວລາລະຫວ່າງຊົ່ວໂມງ
2ຊົ່ວໂມງ.
회의는 2시간 동안 이어졌다.

(1) 9:00~20:00 : 9ໂມງ ຕອນເຊົ້າ ຫາ 8ໂມງ ຕອນຄ່ຳ

(2) 오전 8시 : 8ໂມງຕອນເຊົ້າ

(3) 밤 11시 : 11ໂມງ ຕອນຄ່ຳ

(4) 오후 5시 : 5ໂມງ ຕອນແລງ

(5) 오전 7시 : 7ໂມງ ຕອນເຊົ້າ

(6) 2시간 : 2ຊົ່ວໂມງ

1.

(1) ◯　　(2) ◯　　(3) ✕　　(4) ◯

2.

(1) 현재시제 : ກໍາລັງ / ຢູ່

(2) 과거시제 : ໄດ້ / ແລ້ວ

(3) 미래시제 : ກໍາລັງຈະ / ຊິ

3.

(1) 목요일 : ວັນພະຫັດ

(2) 일요일 : ວັນອາທິດ

(3) 금요일 : ວັນສຸກ

(4) 화요일 : ວັນອັງຄານ

4. 🎧 11-3

(1) ມື້ນີ້ແມ່ນວັນຫຍັງ?
오늘은 무슨 요일입니까?

(2) ມື້ນີ້ອາກາດເປັນແບບໃດ?
오늘 날씨는 어떻습니까?

(1) ②

① ລະດູຝົນ 우기

② ວັນພະຫັດ 목요일

③ ທັນວາ 12월

④ ວັນທີ 1 (숫자)

(2) ④

① ວັນສຸກ 금요일
② ເດືອນເຈັດ 7월
③ ມື້ນີ້ 오늘
④ ສົດໃສ 화창하다

☀ ບົດທີ 12

1.

(1) ✕   (2) ◯   (3) ◯   (4) ◯

2.

(1) 지시 명령문 : ຈົ່ງ / ໃຫ້
(2) 금지 명령문 : ຢ່າ / ຫ້າມ
(3) 요구 청유문 : ຕ້ອງການ / ຢາກ
(4) 요청 청유문 : ຊ່ວຍ / ກະລຸນາ / ຂໍ

3.

(1) ກະລຸນາປິດໂທລະສັບ.
(2) ຫ້າມ/ຢ່າກິນອາຫານໃນລົດ.
(3) ຫ້າມ/ຢ່າຢຸດ

4. 🎧 12-4

(1) ຫ້າມຖ່າຍຮູບ.
     촬영하지 마시오.

(1) ③

☀ ບົດທີ 13

1.

(1) 소유 전치사 : ແຫ່ງ / ຂອງ
(2) 관계 전치사 : ເກັບແກ່ / ຕໍ່
(3) 증여 전치사 : ສຳລັບ / ໃຫ້
(4) 시간 전치사 : ຕັ້ງແຕ່ / ເຖິງ
(5) 장소 전치사 : ຈາກ / ໃນ

2.

(1) ⓑ   (2) ⓐ   (3) ⓒ

ⓐ ວັນເດັກນ້ອຍ 어린이날
ⓑ ວັນແຫ່ງຄວາມຮັກ 발렌타인데이
ⓒ ວັນຄູ 스승의 날

연습문제 정답

3. 🎧 13-4

(1) ບ່ອນຈອດລົດຢູ່ຊັ້ນໃດ?
주차장은 몇 층입니까?

(2) ຮ້ານອາຫານຢູ່ຊັ້ນໃດ?
식당은 몇 층입니까?

(1) ①   (2) ②

ບົດທີ 14

1.

(1) ⓒ (건물)   (2) ⓐ (사람)

(3) ⓑ (물건, 기계)

2.

(1) 가수 : ນັກຮ້ອງ

(2) 안마사 : ໝໍນວດ

(3) 도서관 : ຫໍສະໝຸດ

(4) 목수 : ຊ່າງໄມ້

3.

(1) ✕   (2) ✕   (3) ○   (4) ○

---

4. 🎧 14-3

(1) ຕ້ອງການເບິ່ງໜັງເລື່ອງໃດ?
어떤 영화를 관람하고 싶습니까?

(2) ທ່ານຕ້ອງການຈັກໃບ?
표 몇 장이 필요합니까?

(1) ③

① ກິນເຂົ້າ 밥을 먹다

② ໄປແລ້ວ 갔다

③ ສະບາຍດີຫຼວງພະບາງ 루앙파방

④ ຄວາມສຸກ 행복

(2) ②

① ມື້ອື່ນ 내일

② 2ໃບ 2장

③ ຂອບໃຈ. 감사합니다.

④ ເມື່ອໃດ 언제

ບົດທີ 15

1.

(1) ⓒ   (2) ⓓ   (3) ⓑ   (4) ⓐ

2.

(1) ລາວເຄີຍໄປແລ້ວ.

(2) ເຈົ້າຕ້ອງກິນ.

(3) ແມ່ຄືຈະໄປຕະຫຼາດ.

3.

(1) ○   (2) ✕   (3) ○   (4) ○

4. 🎧 **15-4**

(1) ປົກກະຕິຂ້ອຍຕື່ນ8ໂມງ.

나는 보통 8시에 일어납니다.

(2) ຂ້ອຍຮຽນພາສາລາວໄດ້ສາມປີແລ້ວ.

라오스어 공부는 3년 정도 했습니다.

(1) ②

① 7ໂມງ 7시

② 8ໂມງ 8시

③ 9ໂມງ 9시

④ 10ໂມງ 10시

(2) ③

① 1ປີ 1년

② 2ປີ 2년

③ 3ປີ 3년

④ 4ປີ 4년

■ 숫자(기수) ໂຕເລກ

0	ສູນ	29	ຊາວເກົ້າ
1	ຫນຶ່ງ	30	ສາມສິບ
2	ສອງ	31	ສາມສິບເອັດ
3	ສາມ	32	ສາມສິບສອງ
4	ສີ່	33	ສາມສິບສາມ
5	ຫ້າ	34	ສາມສິບສີ່
6	ຫົກ	35	ສາມສິບຫ້າ
7	ເຈັດ	40	ສີ່ສິບ
8	ແປດ	50	ຫ້າສິບ
9	ເກົ້າ	60	ຫົກສິບ
10	ສິບ	70	ເຈັດສິບ
11	ສິບເອັດ	80	ແປດສິບ
12	ສິບສອງ	90	ເກົ້າສິບ
13	ສິບສາມ	100	ຮ້ອຍ
14	ສິບສີ່	200	ສອງຮ້ອຍ
15	ສິບຫ້າ	300	ສາມຮ້ອຍ
16	ສິບຫົກ	400	ສີ່ຮ້ອຍ
17	ສິບເຈັດ	500	ຫ້າຮ້ອຍ
18	ສິບແປດ	600	ຫົກຮ້ອຍ
19	ສິບເກົ້າ	700	ເຈັດຮ້ອຍ
20	ຊາວ	800	ແປດຮ້ອຍ
21	ຊາວເອັດ	900	ເກົ້າຮ້ອຍ
22	ຊາວສອງ	1,000 (천)	ພັນ
23	ຊາວສາມ	10,000 (만)	ສິບພັນ
24	ຊາວສີ່	100,000 (십만)	ແສນ
25	ຊາວຫ້າ	1,000,000 (백만)	ລ້ານ
26	ຊາວຫົກ	10,000,000 (천만)	ສິບລ້ານ
27	ຊາວເຈັດ	100,000,000 (억)	ຮ້ອຍລ້ານ
28	ຊາວແປດ	1,000,000,000 (십억)	ຕື້

■ 숫자(서수) ໂຕເລກ (ລຳດັບ)

첫 번째	ທີທໜຶ່ງ / ທຳອິດ	여섯 번째	ທີທົກ
두 번째	ທີສອງ	일곱 번째	ທີເຈັດ
세 번째	ທີສາມ	여덟 번째	ທີແປດ
네 번째	ທີສີ່	아홉 번째	ທີເກົ້າ
다섯 번째	ທີຫ້າ	열 번째	ທີສິບ

■ 요일 ມື້

월요일	화요일	수요일	목요일	금요일	토요일	일요일
ວັນຈັນ	ວັນອັງຄານ	ວັນພຸດ	ວັດພະຫັດ	ວັດສຸກ	ວັດເສົາ	ວັນອາທິດ

■ 월 ເດືອນ

 ※ 라오스의 '월'은 그 명칭이 모두 다릅니다.
 ※ 월 앞에 '달, 월'이라는 의미의 ເດືອນ을 붙이기도 합니다.

월	라오스어	뜻	월	라오스어	뜻
1월	ມັງກອນ	1월	7월	ກໍລະກົດ	7월
	ເດືອນໜຶ່ງ	1월달		ເດືອນເຈັດ	7월달
2월	ກຸມພາ	2월	8월	ສິງຫາ	8월
	ເດືອນສອງ	2월달		ເດືອນແປດ	8월달
3월	ມິນາ	3월	9월	ກັນຍາ	9월
	ເດືອນສາມ	3월달		ເດືອນເກົ້າ	9월달
4월	ເມສາ	4월	10월	ຕຸລາ	10월
	ເດືອນສີ່	4월달		ເດືອນສິບ	10월달
5월	ພຶດສະພາ	5월	11월	ພະຈິກ	11월
	ເດືອນຫ້າ	5월달		ເດືອນສິບເອັດ	11월달
6월	ມິຖຸນາ	6월	12월	ທັນວາ	12월
	ເດືອນຫົກ	6월달		ເດືອນສິບສອງ	12월달

■ 기간 ໄລຍະເວລາ

그저께	ມື້ກ່ອນ	주	ອາທິດ
어제	ມື້ວານ	주말	ມື້ພັກ / ວັນເສົາທິດ
오늘	ມື້ນີ້	이번 주	ອາທິດນີ້
내일	ມື້ອື່ນ	월	ເດືອນ
모레	ມື້ຮື	이번 달	ເດືອນນີ້
하루 종일	ຫມົດມື້	지난 달	ເດືອນແລ້ວ / ເດືອນກ່ອນ
매일	ທຸກມື້	연	ປີ
오후	ມື້ແລງ / ຕອນແລງ	올해	ປີນີ້
밤	ມື້ຄືນ / ກາງຄືນ	작년	ປີກາຍ

■ 직급 ຕຳແໜ່ງ

사장	ທົວຫນ້າ	과장	ທົວຫນ້າພະແນກ
부장	ທົວຫນ້າກອງ	주임	ທົວຫນ້າໃຫຍ່
차장	ธอງທົວຫນ້າ	사원	ລູກຈ້າງ

■ 전공 ຄະນະຮຽນ

경제학과	ຄະນະເສດຖະສາດ	관광학과	ຄະນະການທ່ອງທຽວ
경영학과	ຄະນະບໍລິຫານທຸລະກິດ	영문과	ຄະນະພາສາອັງກິດ
무역학과	ຄະນະກ້ມການຄ້າ	국문과	ຄະນະພາສາເກົາຫລີ

■ 가족 ຄອບຄົວ

할아버지	ພໍ່ຕູ້	어머니	ແມ່
할머니	ແມ່ຕູ້	남편	ຜົວ
아버지	ພໍ່	부인	ເມຍ

부부	ຜົວເມຍ	형제자매	ອ້າຍນ້ອງ
나	ຂ້ອຍ	오빠, 형	ອ້າຍ
고모, 숙모	ປ້າ, ນ້າ/ອາ	남동생	ນ້ອງຊາຍ
조카, 손녀	ຫຼານຊາຍ / ຫຼານສາວ	여동생	ນ້ອງສາວ
자녀	ເດັກນ້ອຍ	언니, 누나	ເອື້ອຍ
큰아버지	ລຸງ	큰아들	ລູກຊາຍກົກ
삼촌, 작은아버지	ນ່າວ, ອາ	막내딸	ລູກສາວຫຼ້າ

■ 성격 ບຸກຄະລິກ / ນິໄສ

참을성이 없는	ຄວາມອົດທົນຕ່ຳ	무서운	ຢ້ານ
인내심이 강한	ຄວາມອົດທົນສູງ	소심한	ລະມັດລະວັງ
게으른	ຂີ້ຄ້ານ	쾌활한, 활기찬	ມ່ວນຊື່ນ
신중한	ຮອບຄອບ	까칠한	ຫນ້າເຫລືອງ
다정다감한	ອ່ອນໄຫວ	정직한	ຊື່ສັດ
열정적인	ກະຕືລືລົ້ນ	활동적인	ກະຕືລືລົ້ນ

■ 장소 ສະຖານທີ່

병원	ໂຮງໝໍ	공원	ສວນສາທາລະນະ
회사	ບໍລິສັດ	집	ເຮືອນ / ບ້ານ
공장	ໂຮງງານ	우체국	ໄປສະນີ
서점	ຮ້ານປຶ້ມ	호텔	ໂຮງແຮມ
교회	ໂບດ	사원 (절)	ວັດ
마켓	ຕະຫຼາດ	공항	ສະໜາມບິນ
대사관	ສະຖານທູດ	버스 정류장	ຄິວລົດເມ
대학교	ມະຫາວິທະຍາໄລ	역	ສະຖານີ

상점	ຮ້ານຄ້າ	박물관	ຫໍພິພິຕະພັນ
식당	ຮ້ານອາຫານ	미술관	ພິພິຕະພັນສິລະປະ
은행	ທະນາຄານ	약국	ຮ້ານຂາຍຢາ
리조트	ລິສອດ	아파트	ອາພາດເມັ້ນ
게스트하우스	ບ້ານພັກ	원룸	ຫ້ອງເຊົ່າ

■ 숙소시설 ທີ່ພັກອາໄສ

1인실	ຫ້ອງດ່ຽວ	수영장	ສະລອຍນ້ຳ
2인실	ຫ້ອງຄູ່	주차장	ບ່ອນຈອດລົດ
침대	ຕຽງ	수건	ຜ້າເຊັດໜ້າ
빈 방	ຫ້ອງວ່າງ	타월	ຜ້າເຊັດໂຕ
예약하다	ຈອງ	서랍	ຕູ້
카운터	ເຄົາເຕີ	불	ດອກໄຟ
로비	ລ໋ອບບີ້	엘리베이터	ລິບ / ລິຟ

■ 취미 ງານອະດິເລກ

스포츠	ກິລາ	쇼핑하다	ຊອບປິ້ງ
독서하다	ອ່ານປຶ້ມ	낮잠 자다	ນອນຕຶ່ມສວາຍ
여행 가다	ໄປທ່ອງທ່ຽວ	TV 보다	ເບິ່ງທໍລະພາບ
요리하다	ເຮັດກິນ, ແຕ່ງກິນ	인터넷 하다	ຫຼິ້ນອິນເຕີເນັດ
드라이브	ດຳນ້ຳ	축구	ເຕະບານ
산책하다	ຍ່າງຫຼິ້ນ	농구	ບານບ່ວງ
음악 듣다	ຟັງເພງ	야구	ເບສບ່ອນ
사진 찍다	ຖ່າຍຮູບ	노래 부르다	ຮ້ອງເພງ
영화 보다	ເບິ່ງໜັງ	춤추기	ເຕັ້ນ, ຟ້ອນ

■ 색깔 ສີ

빨간색	ສີແດງ	흰색	ສີຂາວ
파란색	ສີຟ້າ	보라색	ສີມ່ວງ
초록색	ສີຂຽວ	회색	ສີເທົາ
분홍색	ສີບົວ	주황색	ສີສົ້ມ
검은색	ສີດຳ	갈색	ສີນ້ຳຕານ

■ 날씨 ອາກາດ

봄	ລະດູໃບໄມ້ປົ່ງ	태풍	ພາຍຸ
여름	ລະດູຮ້ອນ	천둥	ຟ້າຮ້ອງ
가을	ລະດູໃບໄມ້ຫຼົ່ນ	번개	ຟ້າຜ່າ
겨울	ລະດູໜາວ	습한	ອາກາດຊຸ່ມ
눈 오는	ຫິມະຕົກ	건조한	ອາກາດແຫ້ງ
비 오는	ຝົນຕົກ	날씨가 좋은	ອາກາດດີ

■ 위치 ສະຖານທີ່

위	ຢູ່ເທິງ	뒤	ຢູ່ຫລັງ
아래	ຢູ່ລຸ່ມ	오른쪽	ເບື້ອງຂວາ
안	ຢູ່ໃນ	왼쪽	ເບື້ອງຊາຍ
밖	ຢູ່ນອກ	동쪽	ທາງຕະວັນອອກ
옆	ຢູ່ຂ້າງ	서쪽	ທາງຕະວັນຕົກ
사이, 가운데	ຢູ່ລະຫວ່າງກາງ	남쪽	ທາງໃຕ້
앞	ຢູ່ຫນ້າ	북쪽	ທາງເຫນືອ

기초 단어

■ 교통수단 ການຂົນສົ່ງ

지하철	ລົດໄຟຟ້າ	비행기	ຍົນ / ເຮືອບິນ
버스	ລົດເມ	배	ເຮືອ
택시	ລົດແທັກຊີ	오토바이	ລົດຈັກ
자동차	ລົດໃຫຍ່ / ລົດເກັງ	자전거	ລົດຖີບ

툭툭	ລົດຕຸກຕຸກ	짬보	ລົດຈ່ຳໂບ້
썽태우	ລົດສອງແຖວ	전세 밴	ລົດຕູ້

■ 신체 ຮ່າງກາຍ

머리	ຫົວ	가슴	ເອິກ
이마	ໜ້າຜາກ	배	ທ້ອງ
얼굴	ໜ້າ	어깨	ບ່າໄຫລ່
턱	ຄາງກະໄຕ	팔	ແຂນ
눈썹	ຄີ້ວ	팔꿈치	ແຂນສອກ
뺨	ແກ້ມ	손	ມື
귀	ຫູ	손가락	ນິ້ວມື
눈	ຕາ	다리	ຂາ
코	ດັງ	무릎	ຫົວເຂົ່າ
입	ປາກ	발가락	ນິ້ວຕີນ
목	ຄໍ	발목	ຂໍ້ຕີນ
등	ຫຼັງ	발	ຕີນ

■ 물건 ເຄື່ອງຂອງ

티셔츠	ເສື້ອ	모자	ໝວກ
의자	ຕັ່ງ	안경	ແວ່ນຕາ
가방	ກະເປົາ	우산	ຄັນธ่ม
시계	ໂມງ	핸드폰	ໂທລະສັບ

■ 과일 ໝາກໄມ້

귤	ໝາກກ້ຽງນ້ອຍ	오렌지	ໝາກກ້ຽງ
자몽	ສົ້ມໂອ	멜론	ໝາກແຕງ
수박	ໝາກແຕງໂມ	포도	ໝາກລະແຊ້ງ
복숭아	ໝາກຄາຍ	바나나	ໝາກກ້ວຍ

■ 감탄사 ສຽງອຸທານ

이런! [화남]	ໂຫວຍ	앗, 아야! [아픔]	ເອີ
엇, 맙소사! [놀람]	ປ່າໂທ້	휴~! [후련함]	ໂອ
저런, 아! [불쌍함]	ຕ໊າຍ	만세! [즐거움]	ໄຊໂຍ
응, 그래 [동의]	ເອີ	콰광! [의성어]	ປັ້ງງ

■ 줄임 표현

원어	줄임 표현	뜻
ນາງ	ນ.	여성 의미
ທ້າວ	ທ.	남성 의미
ທ່ານ	ທ.	당신 (남자)
ທ່ານນາງ	ທ.ນ	당신 (여자)
ເລກທີ	ລທ	~번, ~호
ປະລິນຍາເອກ	ປອ	박사
ດອກເຕີ	ດຮ	의사 (공공위생 관련)
ອານຸປະລິນຍາ	ອປ	전문학사
ປະລິນຍາຕີ	ປຕ	학사
ປະລິນຍາໂທ	ປທ	석사
ສາສະດາຈານ	ສຈ	교수
ຮອງສາສະດາຈານ	ຮສ	조교수
ອາຈານ	ອຈ	교사

The 바른
라오스어 첫걸음

/ 쓰기 노트 /

글로벌 인재를 위한, 제2외국어 교육의 선두주자

The 바른 라오스어 첫걸음

/ 쓰기 노트 /

라오스어의 문자와 부호

커

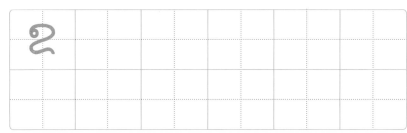

써

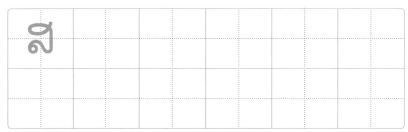

터

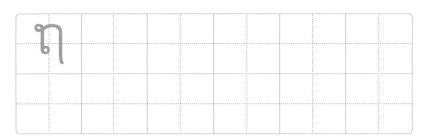

너

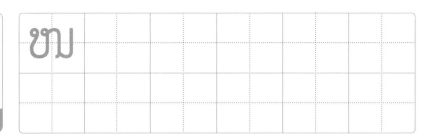

퍼

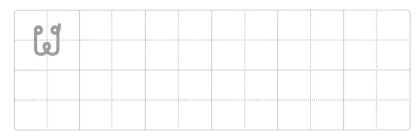

ຜ	ຜ						
퍼(f)							

ໝ	ໝ						
머							

ຫຼ	ຫຼ						
러							

ຫາ	ຫາ						
허							

ກ
꺼

ຈ
쩌

ດ
더

ຕ
떠

ບ
버

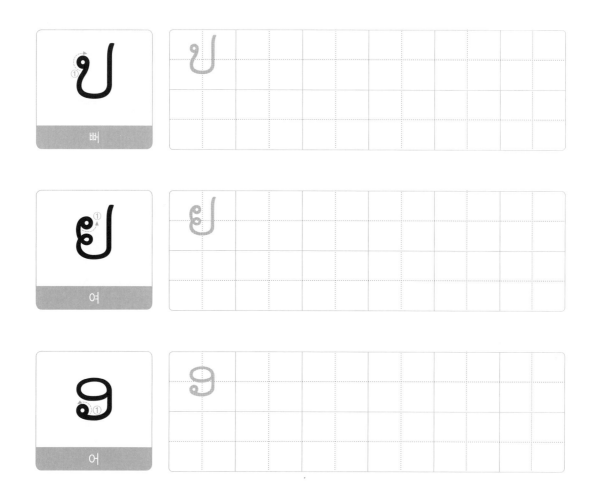

ກ
커

ງ
응어

ຊ
써

ຢ
녀

ຫ
터

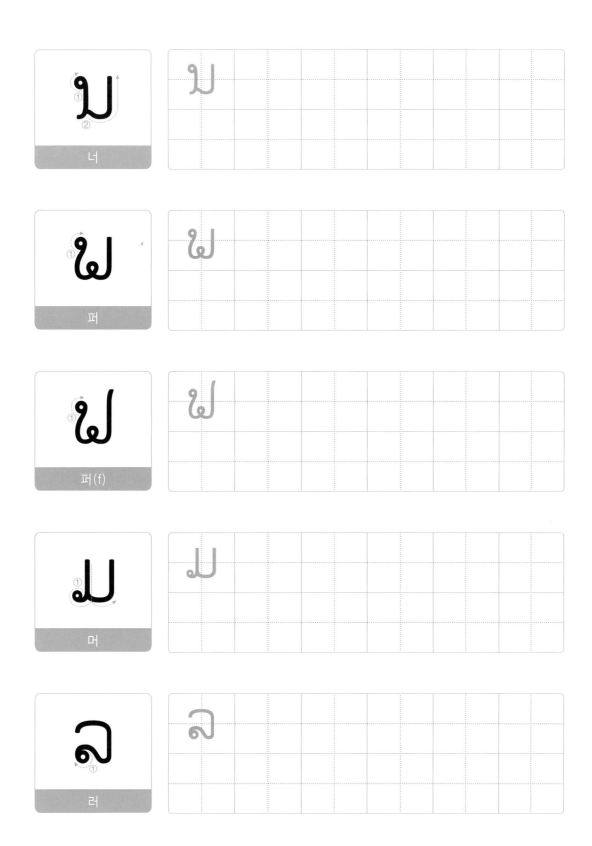

너

퍼

퍼(f)

머

러

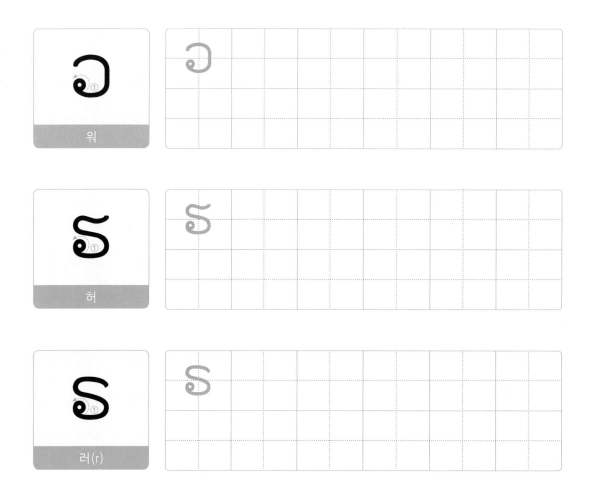

ㅇ워

ㅎ허

ㄹ러(r)

단모음

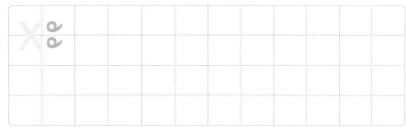

아

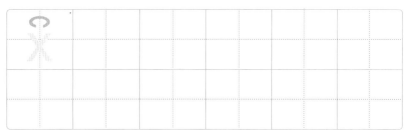

이

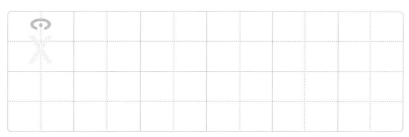

으

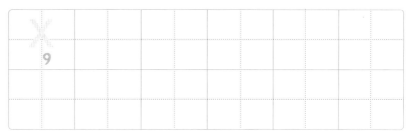

우

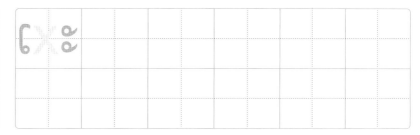

에

애

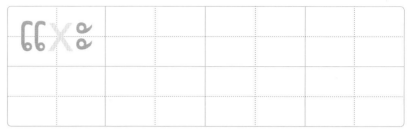

오

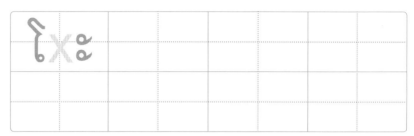

어

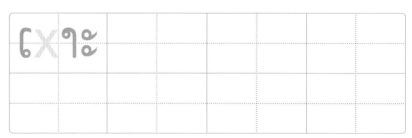

어

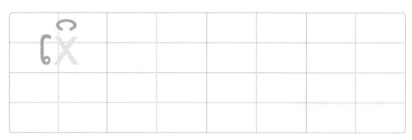

이야

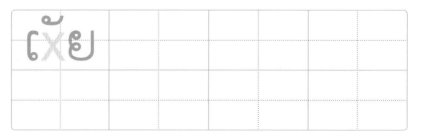

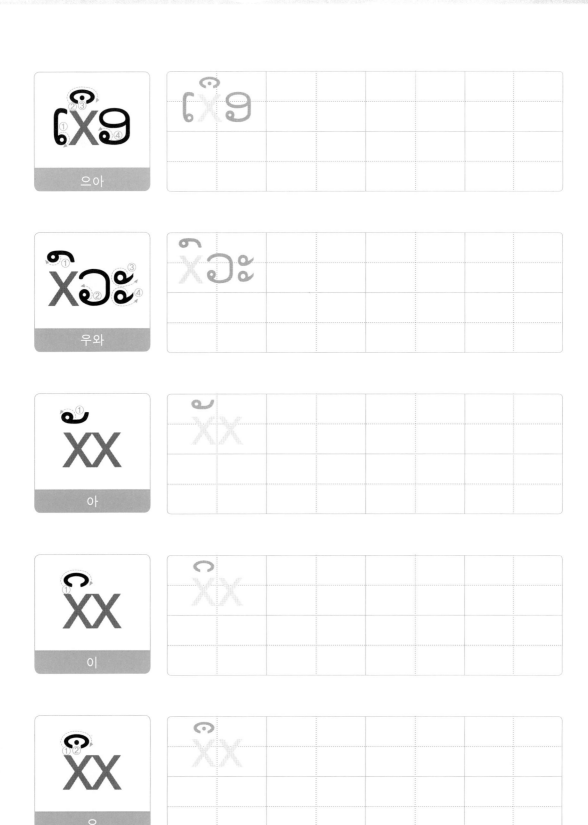

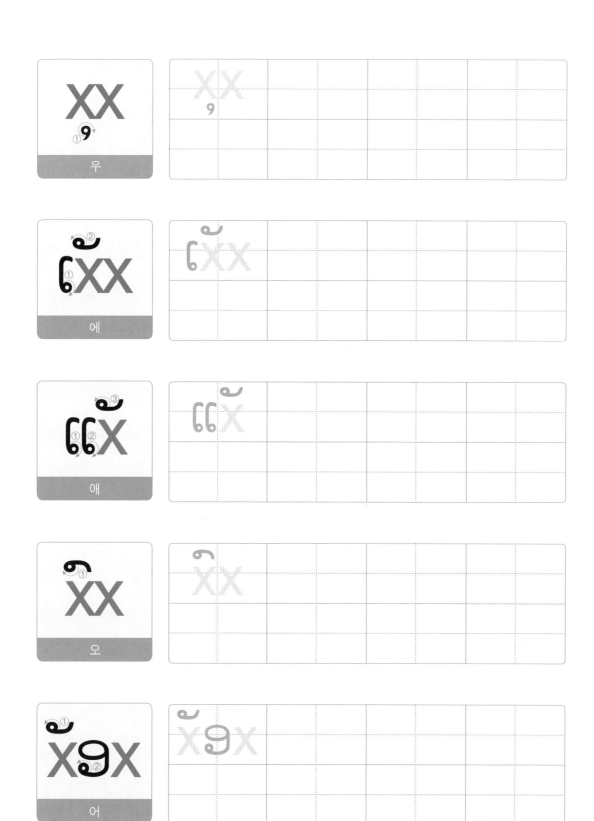

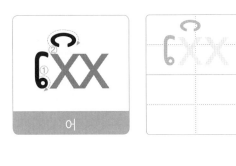 

어

이야

 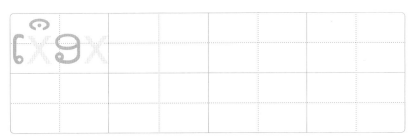

으아

 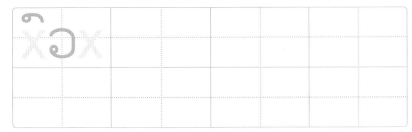

우와

장모음

ꗂ						
아						

ꗂ						
이						

ꗂ						
으						

ꗂ						
우						

ꗂ						
에						

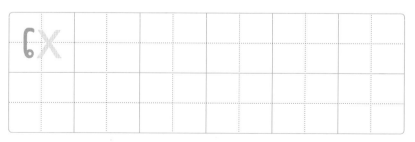

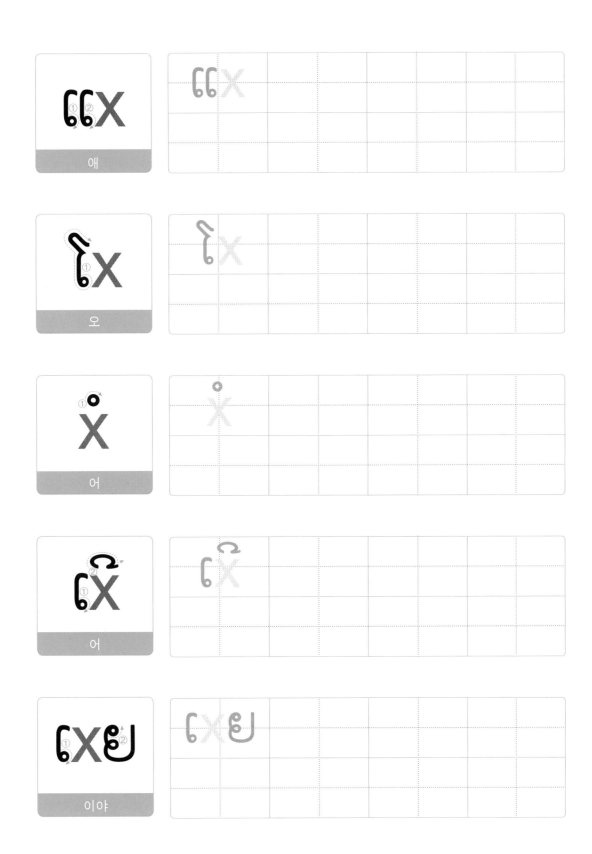

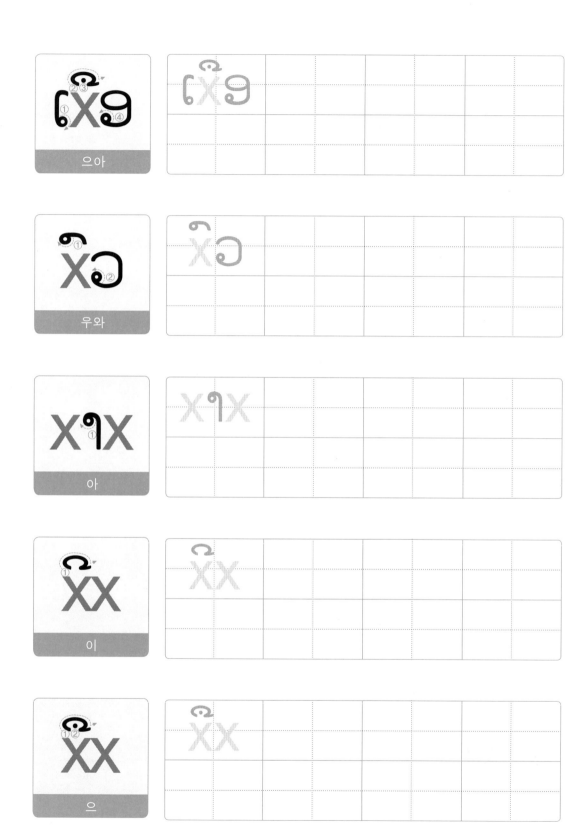

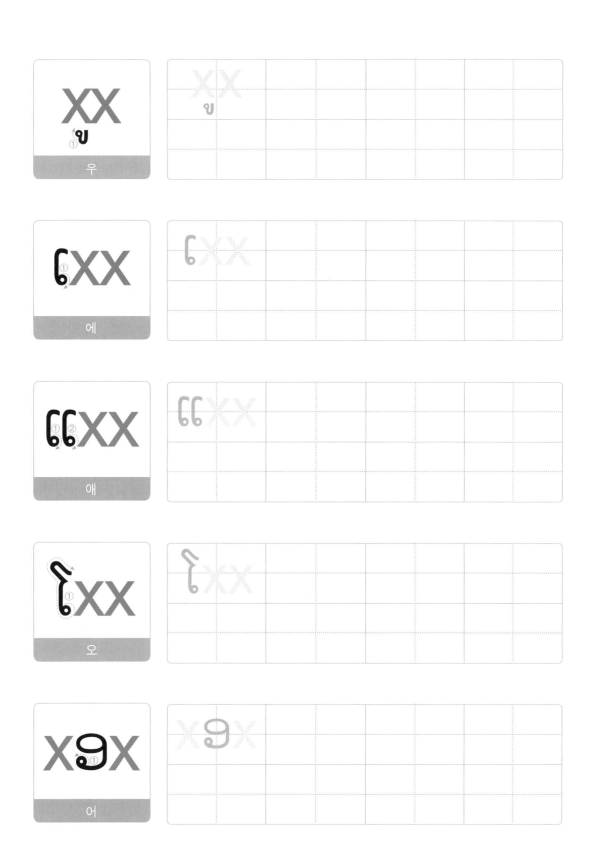

 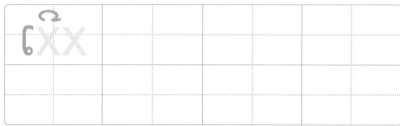

어

 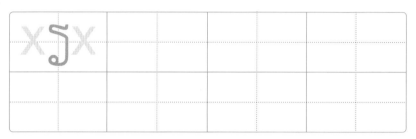

이야

 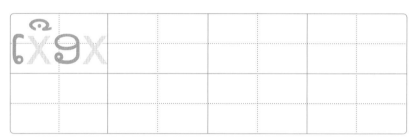

으아

 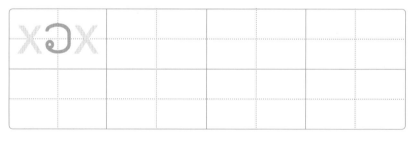

우와

특수 모음

● 단모음

아이

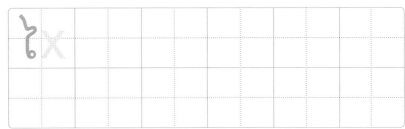

아오

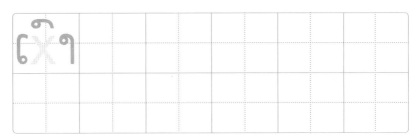

● 장모음

아이

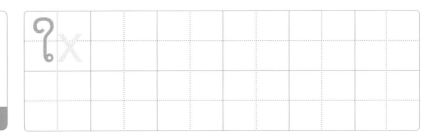

암

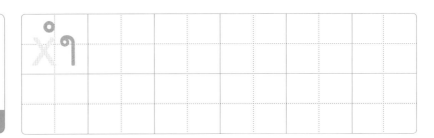

마이엑

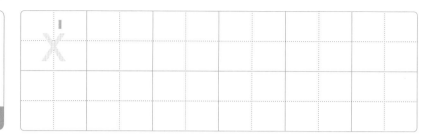

마이토

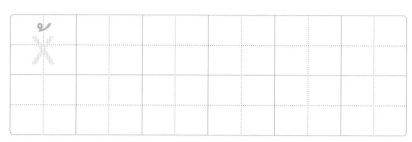

마이티

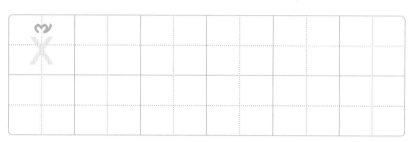

마이짠따와

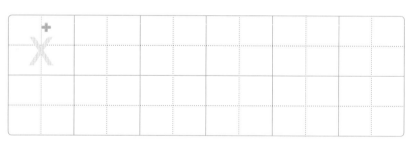

특수 부호

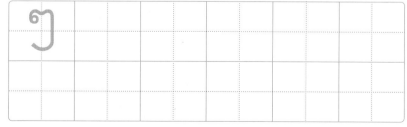

크앙마이쌈

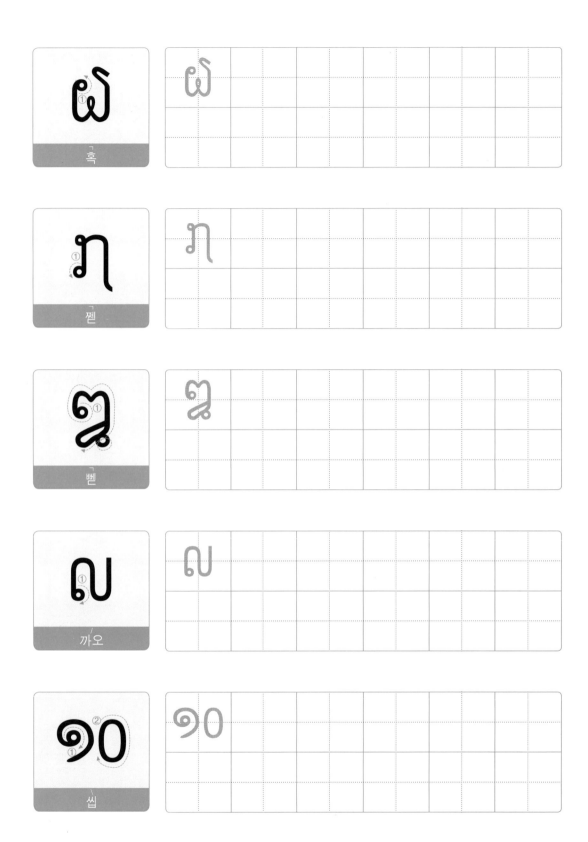

The 바른
라오스어 첫걸음

똑똑하게 시작하는
라오스어 입문 학습서